红色广东丛书

林伟民

卢　权　禤倩红　著

SPM
南方出版传媒
广东人民出版社
·广州·

图书在版编目(CIP)数据

林伟民/卢权，禤倩红著. —广州：广东人民出版社，
2021.6

（红色广东·广东工农运动领袖）

ISBN 978-7-218-14559-4

Ⅰ.①林… Ⅱ.①卢… ②禤… Ⅲ.①林伟民（1887-
1925）–传记 Ⅳ.①K827=6

中国版本图书馆 CIP 数据核字（2020）第 209563 号

LIN　WEIMIN

林伟民　　卢　权　禤倩红　著

版权所有 翻印必究

出 版 人：肖风华

责任编辑：夏素玲　谢　尚
责任技编：吴彦斌　周星奎
封面设计：河马设计　李卓琪
排版制作：邦　邦

出版发行：广东人民出版社
地　　址：广州市海珠区新港西路 204 号 2 号楼（邮政编码：510300）
电　　话：（020）85716809（总编室）
传　　真：（020）85716872
网　　址：http：∥www.gdpph.com
印　　刷：广东鹏腾宇文化创新有限公司
开　　本：787mm×1092mm　1/16
印　　张：10.5　字　　数：100 千
版　　次：2021 年 6 月第 1 版
印　　次：2021 年 6 月第 1 次印刷
定　　价：38.00 元

如发现印装质量问题，影响阅读，请与出版社（020-85716808）联系调换。
售书热线：（020）85716826

总　序

　　百年征程波澜壮阔，百年大党风华正茂。习近平总书记在党史学习教育动员大会上指出："我们党的一百年，是矢志践行初心使命的一百年，是筚路蓝缕奠基立业的一百年，是创造辉煌开辟未来的一百年。"翻开风云激荡的百年党史，一代又一代中国共产党人，用鲜血和生命浸染了党旗国旗的鲜亮红色，书写了可歌可泣的历史篇章，铸就了彪炳史册的丰功伟绩。一百年来，党的红色薪火代代相传，革命精神历久弥坚，红色基因已深深根植于共产党人的血脉之中，成为我们党坚守初心、永葆本色的生命密码。

　　广东是一片红色的热土，不仅是近代民主革命的策源地，也是国内最早传播马克思主义、最早成立共产党早期组织的省份之一。在新民主主义革命的漫长历程中，广东党组织在中共中央的领导下，发动、组织和领导广东人民开展了一系列广泛而深远的革命斗争。1921年，广东党组织成立后，积极开展工人运动、青年运动，并点燃农民运动星火。第一、二、三次全国劳动大会连续在广州召开，全国工人运动的领导机关——中华全国总工会在广州诞生。中国社会主义青年团第一次全国代表大会在广州召开，促进了全国团组织的建立、发展。在"农民运动大王"彭湃领导下，农潮突起海陆丰影响全国。

1923年，中共中央机关一度迁至广州，中国共产党第三次全国代表大会在广州召开，推动形成了第一次国共合作，建立了国民革命联合战线，掀起了大革命的洪流。随后，在共产党人的建议下，黄埔军校在广州创办，周恩来等共产党人为军校的政治工作和政治教育作出了重要贡献，中国共产党也从黄埔军校开始探索从事军事活动。在共产党人的提议下，农民运动讲习所在广州开办，先后由彭湃、阮啸仙、毛泽东等共产党人主持，红色火种迅速播撒全国。1925年，广州和香港爆发省港大罢工，声援五卅运动，成为大革命高潮时期一个十分引人注目的重要斗争。1926年，在统一广东革命根据地后，国民革命军在广州誓师北伐，以共产党员为骨干的北伐先锋叶挺独立团所向披靡，铸就了铁军威名。在北伐战争胜利推进的同时，广东共产党组织和党领导的革命队伍迅速扩大和发展，全省工农群众运动也随之进入高潮。

1927年"四一二"反革命政变以后，广东共产党组织在全国较早打响反抗国民党反动派血腥屠杀的枪声，广州起义与南昌起义、秋收起义一起，成为中国共产党独立领导中国革命、创建人民军队的伟大开端。随后，广东党组织积极探索推进工农武装割据，在海陆丰建立第一个县级苏维埃政权，并率先开展土地革命，开启了中国共产党领导人民进行的最重大的社会变革。与此同时，广东中央苏区逐步创建和发展起来，为中国革命的发展作出了不可磨灭的贡献。1931年，连接上海中共中央机关与中央苏区的中央红色交通线开辟，交通线主干道穿越汕头、大埔，成功转移了一大批党的重要领导，传送了重要文件和物资，成为土地革命战争时期党的红色血脉。1934年，中央红军开始了举世瞩目的长征，广东是中央红军从中央苏区腹地实施战略转移后进入的第一个省份，中央红军在粤北转战21天，打开了继续前进的通道，成功走向最后的胜利。留守红军在赣粤边、闽粤边和琼崖地区进行了艰苦卓绝的游击战争，高举红旗永不倒。

抗战全面爆发后，中共中央和中共中央长江局、南方局十分重视和加强对广东党组织的领导，选派了张文彬等大批干部到广东工作。日军侵入广东以后，广东党组织奋起领导广东人民开展敌后抗日游击战争，成立了东江纵队、琼崖纵队、珠江纵队、广东人民抗日解放军、南路人民抗日解放军和韩江纵队等抗日武装，转战南粤辽阔大地，战斗足迹遍及70多个县市。华南敌后战场成为全国三大敌后抗日战场之一，党领导的广东人民抗日武装被誉为华南抗战的中流砥柱。香港沦陷以后，在中共中央的领导和周恩来等人的精心策划安排下，广东党组织冲破日军控制封锁，成功开展文化名人秘密大营救，将800多名被困香港的文化名人、爱国民主人士及家眷、国际友人等平安护送到大后方，书写了抗战史上的光辉一页。

解放战争时期，在中共中央的领导下，华南地区大力开展武装斗争，开辟出以广东为中心的七大块游击根据地，成立了中国人民解放军琼崖纵队、粤赣湘边纵队、闽粤赣边纵队、桂滇黔边纵队、粤中纵队、粤桂边纵队和粤桂湘边纵队等人民武装，其中仅广东武装部队就达到8万多人，相继解放了广东大部分农村，在全省1/3地区建立起人民政权，为广东和华南的解放创造了有利条件。在广东党组织的配合下，人民解放军南下大军发起解放广东之役，胜利的旗帜很快插遍祖国南疆。

革命烽火路，红星照南粤。广东见证了中国共产党从新生到大革命、土地革命，再到抗日战争、解放战争等革命斗争全过程。其间，毛泽东、周恩来、刘少奇、朱德、邓小平、叶剑英、彭德怀、刘伯承、贺龙、陈毅、聂荣臻、徐向前、李富春、粟裕、陈赓等老一辈革命家和李大钊、蔡和森、瞿秋白、陈延年、彭湃、叶挺、杨殷、邓发、张太雷、苏兆征、杨匏安、罗登贤、邓中夏、恽代英、萧楚女、阮啸仙、张文彬、左权、刘志丹、赵尚志等一大批革命先烈都在广东战斗过，千千万万广东优秀儿女也在革命斗争中抛头颅、洒热血，留下了光照千秋的革命历史和革命精神。广东这片红色热土，老区苏区遍布全省，大大小小的革命遗址分布各地，留下了宝贵而丰厚的红色文化历史遗产。

习近平总书记强调，中国革命历史是最好的营养剂。重温这部伟大历史能够受到党的初心使命、性质宗旨、理想信念的生动教育，必须铭记光辉历史、传承红色基因。我们有责任把党领导广东人民进行革命斗争的光辉历史和伟大功绩研究深、挖掘透、展示好，全面呈现广东红色文化历史，更好地以史铸魂、教育后人，让全省人民在缅怀英烈、铭记历史中汲取砥砺奋进的强大力量，让人们深刻认识红色政权来之不易，新中国来之不易，中国特色社会主义来之不易，确保红色江山的旗帜永远高高飘扬。

为充分挖掘广东红色文化资源的丰富内涵，我们组织省内党史、党校、社科、高校等专家学者，集智聚力分批次编写《红色广东丛书》。丛书按照点面结合、时空结合、雅俗结合原则，分为总论、人物、事件、地区、教育五个版块。总论版块图书，主要综述中国共产党在广东的革命斗争历史概况，人物版块图书主要讴歌广东红色人物，事件版块图书主要论说党领导广东人民开展革命斗争的历史事件，地区版块图书从地市和历史专题角度梳理广东地域红色文化，教育版块图书着力打造面向青少年及党员的红色主题教材。丛书以相关的文物、文献、档案、史料为依据，对近些年来广东红色文化资源研究成果做了一次全面系统梳理，我们希望这套丛书能为党史学习教育、革命传统教育、爱国主义教育提供重要内容支撑。

一切向前走，都不能忘记走过的路，走得再远、走到再光辉的未来，也不能忘记走过的过去，不能忘记为什么出发。站在"两个一百年"的历史交汇点上，我们要更加坚定自觉地学史明理、学史增信、学史崇德、学史力行，赓续红色血脉，传承红色基因，以一往无前的奋斗姿态、风雨无阻的精神状态，推动广东在全面建设社会主义现代化国家新征程中走在全国前列、创造新的辉煌。

《红色广东丛书》编委会

2021年6月

目　录

林伟民少年时代是在饥寒交迫的日子里度过的。他日常赤着脚板，穿着破旧的衣服，几乎没有穿过新衣裳。随着年龄增长，林伟民日益懂事了。他平日积极参加劳动，分担父母亲的辛劳。他经常跟着父母亲和姐姐到田里干活，莳田、耘草、割稻等活，都学会了。村里的牲畜是放养的，他时常到外面捡拾猪屎牛粪回来给爸妈施肥用；还到村外砍柴割草。

苏兆征、林伟民他们听了孙中山的开导后，眼界有所打开，并把自己的希望寄托在孙中山身上。在孙中山的鼓励和指导下，一些海员于是成立了"侨海联义社"（后改组为"联义社"）等团体，把大家团结起来，兴办一些福利事业，为海员们谋取利益。不久，林伟民、苏兆征也分别参加了孙中山创建的中国同盟会，后来又加入了国民党，从此积极投身到旧民主主义革命洪流中，为孙中山所领导的反清运动付出自己的力量。

林伟民多次回到工作过的轮船和馆口找海员们谈心，向他们进行宣传发动工作。初时有些海员认为生活贫穷的原因，是由于自己命苦，运气不好；认为贫苦是命中注定，自己是无法摆脱的，不如老老实实干活，以免惹是非，引起老板工头不满，到头来就更倒霉了。林伟民并不灰心，针对一些海员的思想状况，着重分析海员所受的非人待遇和悲惨命运，并不是命中注定的。

1921 年 5 月 17 日，香港海员工会会长陈炳生召集干事部及部分骨干分子开会，讨论如何解决广大海员工友的生活困难等问题。林伟民、苏兆征都参加了会议。经过大家热烈讨论，最后决定向资方提出增加工资、改善待遇的要求；但在正式向资方提出之前，先将此事广泛征询海员们的意见和进行办法，以便统一意见及采取共同行动。

谈判没有任何结果。林伟民一行于是又离港返回广州。2 月 22 日，苏兆征主持召开罢工海员大会，听取赴港代表报告谈判经过。对于港英当局顽固拒绝恢复海员工会，海员们十分愤慨，"一致声称反对"，决定继续坚持罢工斗争到底，决不屈服。由于港方旋即又来电请求派代表继续前往谈判。2月22日晚，林伟民等代表再次"赴港磋商"。

林伟民深入海员中间耐心做思想发动工作，鼓励大家要摒弃门户之见，团结一致，为着海员工人的共同利益而斗争。林伟民又邀集各海员团体的负责人开会，商议筹备成立统一的上海海员工会等具体问题，得到大家的赞同。他们在上海百老汇路163号楼租了几间房子，作为筹备成立工会的办公地方，同时着手制定工会章程等事宜。

由于林伟民长期以来在反对帝国主义和外国资本主义侵略压迫的斗争中，立场坚定，勇敢无畏，处处表现出中国工人阶级的优秀品德，旅莫中共党组织经过研究，认为他完全具备一个共产党人的条件，因而委托罗亦农专门负责对林伟民进行有关马克思主义和中国共产党性质任务等方面的宣传教育。并征求他对加入中国共产党的意见。

在香港方面，邓中夏、苏兆征等全力以赴地组织发动工人群众参加罢工斗争。当香港方面发动工作取得很大进展时，在（广州）党团的领导下，沙面方面的组织发动工作也同时进行。沙面洋务工人"多数极表同情"，表示听从中华全国总工会的指挥，香港方面何时罢工，"他们也就同时行动"。

大会最后的一项议程，乃是改选全国总工会的执委会。林伟民虽然没有出席大会，但代表们依然对他表示衷心的拥戴，热诚选举他和苏兆征、刘少奇、邓中夏、李森、李立三、邓培和王荷波等35人组成新一届的执委会。

第一章

悲惨的海员生涯

林伟民绘像

　　1887年10月（清光绪十三年农历九月），林伟民出生在广东香山县三灶岛西洋田村，现在属广东珠海市三灶管理区鱼堂村。

　　林伟民的父亲名叫林祝友，是一位勤劳忠厚的农民。母亲是一位刻苦勤劳、善良的女性。他们一共生育了四个孩子，老大、老二是女孩。林伟民是老三，出生时，父亲给他取名为阿兴，希望他日后长大了能给家里带来兴旺的日子。老四是弟弟，父亲则取名为阿池。林祝友只有一间低矮狭窄

林伟民家乡情形

的老旧泥屋，一家人挤在一起过日子。他家里没有田地，只好向村中地主租了一些田地耕种。这些田地土质瘦瘠，产量不高，却要缴纳昂贵的租金。林祝友一家人经常陷入挨饥抵饿的苦难之中。林伟民的儿子林俊华回忆说："我们家里只有一间古旧泥屋，没有田地，向村里的地主租了一些田地耕种。祖父（即林祝友）带领父亲等人开垦一些荒地，种了一些旱地作物。我们家主要从事农业劳动，平时也到海边捕捞鱼虾，以帮补家庭开支。因为家庭人口众多，入不敷出，我们一家生活相当困难，时常陷入断炊境地。"

林伟民少年时代是在饥寒交迫的日子里度过的。他日常赤着脚板，穿着破旧的衣服，几乎没有穿过新衣裳。随着年龄增长，林伟民日益懂事了。他平日积极参加劳动，分担父母亲的辛劳。他经常跟着父母亲和姐姐到田里干活，莳田、耘草、割稻等活，都学会了。村里的牲畜是放养的，他时常到外面捡拾猪屎牛粪回来给爸妈施肥用；还到村外砍柴割草。

因为家境贫困，林伟民在童年时代没有机会读书。一直到了十多岁时，父亲千方百计地凑了一些钱让他到私塾里读了几年书。林伟民深知自己读书的机会得来不易，因此十分珍惜这一机会，勤奋学习。由于他聪明伶俐，勤奋好学，因此进步很快，还学会了打算盘。平时邻居上门请他帮助写信或打算盘记账时，他非常乐意，有求必应，认真地把事情办好，得到邻居的赞扬。父母亲看见他这样懂事，心中甚感快

位于广东珠海的林伟民与中国早期工人运动史迹陈列馆

慰，并且一再叮嘱孩子说：我们家穷志不短，要发奋做人，光明磊落，绝不能做亏心事情。正是在这样的贫困环境里，林伟民从小经过劳动锻炼，并在父母亲勤劳诚实品德的影响下，渐渐形成了勤俭耐劳、坚强刚毅的性格。

林伟民在私塾读了几年书后，因为家境实在困难，无法再读下去。到了十七八岁时，他跑到牛顿圩一家酿酒的店铺中打工，每月只有微薄的工资；店里供两餐，晚上干完活后回家睡觉。每天天还未亮，他就要爬起来赶往牛顿圩干活。除了负责酿酒的工作外，老板家中的杂务如煮饭喂猪等等，都要他包起来。待每天的事情都忙完了，他才在夜色下拖着疲倦的身躯返回家中，倒在床上，就昏昏沉沉睡着了。

有一天，林伟民正在干蒸酒的工作。蒸酒的锅头较大，锅盖也很重。林伟民正要提锅盖，突然脚下一滑，身体失去重心，右手插进了滚烫的锅里，结果烫得伤势很重。没有良心的老板掏出一点钱，口头说让林伟民回家休息，实际上乘机把他辞退了。林伟民回到家里，无钱医治。父母亲束手无策，非常痛心难过。后来幸得邻居热心帮助，到附近寻找一批草药回来给林伟民敷伤口。经过几个月的敷治，他的伤口才慢慢地痊愈。

正如前面所介绍，林伟民出生时，父亲为他取名为阿兴，希望他日后长大了为家中带来兴旺的日子。随着年龄的增长，见识的增加，他对人生的责任和抱负也增强了，因此觉得父亲为自己所起的名字尚不能表达自己的志愿与追求。

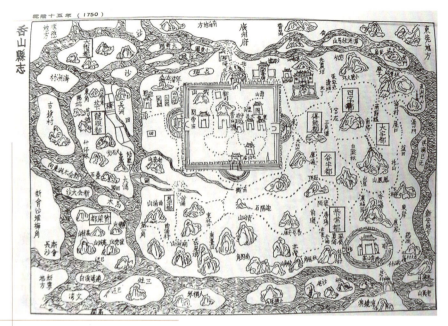

这是乾隆年间印制的香山县图，县属三灶岛（林伟民故乡）位于地图的左下方。

经过反复思考后，他决定将自己的名字改为"伟民"，用意在于立志为国为民干一番伟大的事业。他的儿子林俊华对此回忆说："父亲曾说过自己改名的原因，是要为国家为人民干一番伟大的事业。"

1906 年，林伟民 19 岁的时候，因家乡干旱，庄稼失收，家中非常贫困，难寻生计，于是跟随一位乡亲跑到香港谋生去了。

林伟民到香港谋生时，香港已经由一个渔村发展而为"东方的巴黎"和远东商业中心了。1848 年时香港人口仅有2 万多人，至 1906 年时已激增至 32 万人。林伟民在一位乡亲处借得一个栖身之处后，就赶紧出去寻找工作了。但是到处碰壁，他才发觉要在香港找一份工作，比自己初时想象的困难得多了。这期间，他干过码头搬运工，拉过黄包车，在建筑工地上当过杂工……风餐露宿，无冬无夏，累得蓬头垢面、疲惫不堪，依然摆脱不了失业的命运。后来经过一位当海员的乡亲介绍，终于找到一间"涉孖沙馆"求职。

涉孖沙，是英文 shipmaster 的译音，包工的意思。"涉孖沙馆"，即"包工馆"。为适应外国轮船招募海员事宜，不少买办、包工头之类合伙在香港开办了很多"馆口"，名为帮助介绍海员上船打工，实际上成为他们控制海员工人就业和压榨、剥削海员工人的一种手段。这种"馆口"名目较多，其中一种就是"涉孖沙馆"。凡海员在香港求职，都要通过"涉孖沙馆"介绍，方能找到一份工作。林伟民前来求职时，包工头看见他血气方刚，老实可欺，既懂水性，又急于求职，便假惺惺地答应帮他介绍工作，但同时又提出了诸多刻薄的条件。此时林伟民饱尝失业之苦，不假思索就答应了包工头所提出的条件。这样，他终于在一艘英国轮船公司的远洋轮船上做工，从此正式开始了海员生涯，长年颠簸在惊涛骇浪之中。

香港海员在外国轮船上打工，往往只能从事那些劳动强度高、最劳累、最低贱的工作。他们或在舱底部（又称烧火部）做烧火、打磨、斟油等工作；或在舱面部（又称水手部）做骑椀、起锚、敲锈、木工和油漆等工作；或在船尾部做侍候旅客或船上职员的侍役等工作，统称"侍仔"，外国

林伟民早年曾在香港当过码头搬运工人。图是重压下的码头搬运工人的劳动情景。

人蔑称"boy"。而船长、大副、二副等较高级的职位，外国轮船资本家从来都不让中国人染指。林伟民与苏兆征一样，在船上最初的职位就是当"侍仔"。在以后的岁月中，林伟民还在其他外国轮船上打工，除侍役工作外，还干过其他工种如舱面部水手等。

林伟民当"侍仔"后，被安排在厨房里洗碗刷碟，洗擦地板，清洗用具等；在客舱负责侍候旅客，听客人吩咐，倒水冲茶，端菜送饭，以及清洁卫生，打扫地方等；同时要随时听候工头的差遣，绝对不能耽误，否则立即招来种种责难甚至惩罚。侍仔的劳动时间特别长，每天从早到晚，手脚不停地连续劳动达十五六小时；等到收工时，往往累得精疲力竭，浑身骨头好似散了架一样。日间干活的时候，如果动作稍慢，就要遭受工头或职员的责骂甚至殴打。至于受到人格侮辱，更是家常便饭了。正如林伟民的同乡、亲密战友苏兆征所说，到外国轮船上打工的海员饱受剥削压迫，"感受此种痛苦特甚"。

林伟民的工资收入很少，初时才10元左右，都给包工头从中克扣去大部分；后来待遇稍有提高，但要经常在什么"关公诞"等节日中掏钱送礼"孝敬"工头，以求保住饭碗，到头来手中的工资依然所剩无几。因此林伟民出门后一段较长时间根本无法剩下钱来寄回家中给父母亲，心中一直为此感到万分内疚。海员工人在船上受到种种非人待遇。他们的居住条件十分恶劣，往往十多人挤在一个房子里，里面黑暗

外国轮船公司的远洋轮船在香港

狭窄，又不通风，简直似坐牢一般。林伟民的处境同样如此，收工后就与一伙工友挤在一间阴暗的黑房里休息。

在船上干活的一些外籍海员，却与中国海员的待遇有天壤之别。在同一条轮船上，中国海员和外籍海员之间的工作能力虽然都是一样，但工作量比他们多得多，而工资待遇却差得远。中国海员每月仅得十四五元港币，而外籍海员每月工资却有3镑左右（值港币40多元）。更令人发指的是，中国海员在外国轮船做工的过程中，还经常受到政治上的歧视乃至迫害，甚至连人身自由权利也失去了保障。正如苏兆征所回忆的：海员们除了经济上所受的压迫剥削外，还要受政治上的压迫，"在船上深受帝国主义之压迫虐待而无路诉冤"。帝国主义者和轮船资本家经常辱骂中国海员工人为"劣等民族""下等人"，百般虐待。

有一次，林伟民干了一整天的活，入夜后才收工回到房间里，累得筋疲力尽，正要倒头睡下。岂料工头赶来，大声责骂林伟民偷懒，命令他立即回到厨房继续干活。林伟民性格倔强，但深知寻找工作实不容易，所以平日尽管工头无理谩骂以至欺凌自己，总是按下性子，不作解释。这次，他觉得工头实在太欺负人了，于是与他辩驳了几句。工头怀恨在心，找借口把他开除了。后来林伟民再到英国轮船公司另一艘轮船打工，也因类似的原因，不久又被辞退了。这样，他前后去过不少外国轮船上打工，过着长达约20年的悲惨的海员生涯。

中華海員工業聯合總會報告

（蘇兆徵同志向中國海員第一次代表大會之報告）

各位代表！兄弟今日報告我們海員工會經過事蹟，可簡分為四項：（一）組織時期，（二）奮鬥時期，（三）守衛時期，（四）進攻時期？

（一）組織時期

中國海員人數不下十萬人，普遍於全球五大洲。東至太平洋，西至大西洋，南至印度洋，北至北冰洋，各處都有中國海員的足跡。海員月薪大約十餘元至八十元，而十元與八十元者很少，大概二十元至三十元的最多。在香港上海等處，生活特別昂貴，即房租一項，每月至少也要十餘元。而月薪又有包工頭要尅扣，日常生活當然萬分艱難。我們海員，每一渡海，或者要二三年之久始能回來。我們工人絲毫無能力積蓄，所以家庭供給時不能濟，因而賣妻鬻子者往往有之，這是我們海員的生活，和受經濟壓迫的痛苦！此外還有政治上的壓迫，譬如到美國不許上岸，在船上受帝國主義之虐待而無路訴冤。

因為受這樣的經濟與政治之壓迫，我們海員於是乎漸漸覺悟起來了，所以在一九二一年，就組織海員工會，以謀解放。最初的組織，僅為海外的海員，其後內河的珠江揚子江

　　总之，中国海员与国内其他产业工人一样，受到帝国主义和封建主义的重重残酷压迫剥削，而这些压迫的严重性和残酷性，是世界各民族中少见的。从林伟民等广大海员的痛苦经历可见，包括香港海员在内的广大中国海员的生活极为悲惨，他们深受帝国主义、资本主义和封建主义的重重压迫，特别是帝国主义和外国资本家所直接加给海员工人的残酷剥削压迫，比起其他行业的工人实有过之而无不及。深受苦难的林伟民等海员工人，对此有刻骨铭心的感受。他们在苦难的经历中渐渐懂得，要摆脱身上的枷锁，只有靠自己起来参加反抗斗争，才能达到目的。

第二章

辛亥革命的活动分子

　　1840 年，英国殖民主义者对我国发动鸦片战争，打开中国的大门，强迫清朝政府签订了中国近代史上第一个不平等条约——《中英江宁条约》（即《南京条约》）。接着，各国列强争先恐后地侵略中国，相继强迫清朝政府签订一系列不平等条约，猖狂占领中国领土，在中国境内划分势力范围，设立租界和领事裁判权，严重破坏了中国的领土完整和独立主权；同时加紧控制中国经济，操纵中国的内政，把中国人民推向灾难深渊。腐败无能的清朝统治者不敢抵抗资本帝国主义列强的侵略，相反屈膝投降在帝国主义侵略者面前，接受列强提出的种种丧权辱国的不平等条约。清朝统治者更与帝国主义侵略者相勾结，成为帝国主义列强的附庸和工具，并依靠帝国主义维持其反动统治，对中国人民进行敲骨吸髓的压榨。封建势力成为帝国主义统治中国的基础，帝国主义成为封建势力赖以存在的靠山，两者相互勾结，共同压在中国人民头上。这样，旧的封建主义压迫加上帝国主义侵略，使中国由封建社会沦为半殖民地半封建社会，中国人民陷于水深火热之中。

"帝国主义和中国封建主义相结合，把中国变为半殖民地和殖民地的过程，也就是中国人民反抗帝国主义及其走狗的过程。"为了反抗清朝封建主义压迫和帝国主义侵略，我国广大农民群众英勇举行了太平天国起义和义和团运动。以后，全国农民、手工业者和其他劳动群众前赴后继地继续进行反帝反封建的斗争，逐渐形成持续高涨的革命形势。一批资产阶级和小资产阶级的知识分子，在严重的社会危机和民族危机之下，也逐步走上了资产阶级民主革命的道路。

孙中山是一位伟大的民主主义革命家，是我国近代资产阶级民主革命的先行者。他目睹祖国在帝国主义者侵略和清朝专制政府的残酷统治下，日益处于危亡的命运，从19世纪90年代开始，他毅然走上资产阶级民主革命的道路，决心用革命手段推翻清朝的反动统治。1894年，他创立了中国早期的资产阶级革命团体兴中会。1905年，他进一步联合华兴会、光复会等团体，组成了中国的资产阶级革命政党中国同盟会，确定由孙中山提出的"以驱除鞑虏，恢复中华，创立民国，平均地权"为宗旨。孙中山积极策划推翻清朝政府反动统治的一系列武装起义。在孙中山和他的革命同志的不断努力下，革命日渐取得成效。

孙中山并没有停留在已取得的一些进展上，为了实现彻底推翻清朝反动统治这一革命理想，他继续不知疲倦地往来奔跑于中国香港和日本、南洋以及欧美各国之间，积极宣传革命主张，建立团体，联络会党，筹措经费，组织策划武装起义。孙中山在旅途中，时有机会与众多华侨和海员接触，其中也包括分别于 1903 年和 1906 年上船当海员的苏兆征和林伟民在内。孙中山平易近人，热情诚挚，没有架子，在船上时常主动找海员们倾谈。海员们久仰孙中山的大名，十分景仰孙中山，看见他待人如此随和，都喜欢亲近他。特别是苏兆征与林伟民等都是广东香山人，与孙中山是同乡，因此攀谈起来，尤为融洽和亲切。孙中山十分耐心地倾听苏兆征、林伟民他们介绍关于海员工人平日工作和生活的情况，对海员饱受帝国主义者、外国轮船资本家以及包工头等的残酷压迫剥削的种种遭遇，表示同情和关注。孙中山通过苏兆征、林伟民等海员的介绍，还进一步了解到海员人数众多、具有互助互济的传统和敢于反抗强暴的精神，引起了注意。他意识到广大海员中蕴藏着一股强烈的革命积极性，如果把海员们团结和组织起来，加以引导，使之支持和参加推翻清朝反动统治的革命活动，将会成为一股革命力量，其作用和效果将是巨大的。孙中山于是进一步向他们详细介绍当前国内形势，指出革命党人正在积极进行反清斗争，需要全国人民的广泛支持。

苏兆征、林伟民他们听了孙中山的开导后，眼界有所打开，并把自己的希望寄托在孙中山身上。在孙中山的鼓励和指导下，一些海员于是成立了"侨海联义社"（后改组为"联义社"）等团体，把大家团结起来，兴办一些福利事业，为海员们谋取利益。不久，林伟民、苏兆征也分别参加了孙中山创建的中国同盟会，后来又加入了国民党，从此积极投身到旧民主主义革命洪流中，为孙中山所领导的反清运动付出自己的力量。

林伟民、苏兆征他们与其他海员一道，利用海员在各轮船工作、随轮船经常往来于世界各地的便利条件，冒着生命危险，积极支持孙中山和革命党人的反清斗争。他们为革命党人筹措活动经费，协助革命党人进行传递消息、运送宣传品和武器等活动。孙中山及其他革命党人在旅途中也时常得到海员们的热情照顾和掩护。有一次，林伟民等海员随船抵日本，革命党人要他们帮助携带一批宣传品返回香港，并提醒这批东西很重要，叮嘱千万不能出问题。林伟民他们毫不犹疑地接受了这一任务，小心地把宣传品带回船中收藏好。到了香港后，林伟民与香港方面的革命党人约好了时间地点，终于安全地将东西送出去。

1911年辛亥革命前，广东地区的革命党人举行过多次武装起义，曾请求海员协助他们运送军火，以保证军事斗争的顺利进行。苏兆征、林伟民与其他海员一道，不顾清政府的严密封锁，想方设法，积极地协助革命党人运送军火物资和起义人员，对武装起义的进行作出了贡献。

为了在经济方面援助革命党人，联义社决定在海员中开展募捐活动。作为骨干之一的林伟民，分工负责他所在轮船中的组织发动工作。林伟民从小就具有较强的组织能力。他慎重而又富有成效地向船上海员逐一做宣传发动工作，获得了众多海员的同情支持，纷纷从微薄的工资中拿出一点钱交给林伟民，集齐后再交上去。

往来于海内外的轮船中，往往有不少华侨工人乘坐。林伟民当"侍仔"侍候旅客时，有很多机会接近他们；途中大家相处时间长了，就时常互相问候和聊天。林伟民于是趁机向他们宣传介绍革命党人正在从事推翻腐败的清朝统治的斗争。他们对此感到欢欣鼓舞，欣然从怀中掏出一些钱，托林伟民转交给革命党人。广大侨胞十分关心祖国，例如开平的华侨为了支持孙中山组织的反清起义斗争，曾筹集了15万美元给孙中山充当军饷。

1911年10月10日，武汉地区的革命党人发动了武昌起义。接着各省纷纷响应，进而掀起了席卷全国的革命风暴。12月下旬，孙中山从海外回国，被各省代表选举为中华民国临时大总统。1912年元旦，孙中山在南京宣誓就职，宣布中华民国成立。苏兆征、林伟民和众多海员奋不顾身地积极支持孙中山和革命党人推翻清朝反动统治的革命事业，为辛亥革命的胜利，作出了自己的贡献。由于苏兆征、林伟民他们在斗争中的突出表现，被赞誉为"广东方面的活动分子"。为了表彰苏兆征和林伟民等海员积极分子在辛亥革命中所作的贡献和卓越表现，孙中山曾多次亲笔写信及题词送给他们留念。

辛亥革命的胜利，在中国近代史上具有伟大的历史意义。这是一次反帝反封建的民族民主革命。辛亥革命第一次

"满提高"轮刘达湖等海员组织民声剧团筹款支持孙中山搞革命。

以革命的手段推翻了封建帝制。孙中山亲手缔造和建立了中国历史上第一个资产阶级共和政府，在中国大地上树立起民主共和国的旗帜。但是，辛亥革命也有其明显的弱点。由于领导这场革命的中国民族资产阶级的软弱性和政治上的不成熟，没有形成一个坚强有力的领导核心，也提不出一个明确的反帝反封建的政治纲领；同时也由于帝国主义和封建势力在中国的统治力量异常强大，因此以孙中山为首的南京临时政府仅存在三个月，就给以袁世凯为代表的北洋军阀政府所代替，建立了北洋军阀的反动统治。中国又陷入了军阀混战的黑暗局面，帝国主义列强对中国的侵略瓜分活动更加猖狂。广大人民群众依然陷于水深火热之中。中国仍然在帝国主义和封建主义的压迫之下，反帝反封建的革命任务并没有完成。

满腔热情地投入辛亥革命的苏兆征和林伟民他们，初时由于辛亥革命的胜利而欢欣鼓舞。他们与侨胞们都一时沉浸于欢乐之中，以为国家从此就会强盛起来，帝国主义列强也不会再欺负中国人民，人们以后将会过着安乐的日子了。但是他们回到祖国后，却发现很多情形依然如旧。中国所面临的基本矛盾并未获根本解决。中国人民依然在帝国主义和封建主义的残酷统治之下。如今坐在台上的官员中，不少却是当年清政府衙门的人马。他们依然作威作福，横行霸道，肆无忌惮地压榨老百姓。广大人民群众依然过着贫困苦难的日子。苏兆征、林伟民他们当初想象得太天真了，面对现实感到十分迷茫，为什么革命胜利后还会这样？他们初时对于辛亥革命的前途充满着美好的憧憬，对于革命党人寄托着厚望，如今辛亥革命后的冷酷现实，却使他们感到深深的失望，渐渐认识到民族革命理论的不彻底性，看清资产阶级革命理论的虚伪和骗人。他们开始认真思考和总结过去的经验教训，重新决定自己的革命态度，决心继续寻找真理和真正救国救民的道路。

有些海员，特别是一些海员团体中的头目人物，曾经在辛亥革命中出过一点气力，自认为对建立民国有功，因此当辛亥革命胜利后，相继离船上岸，跑到国民党政府衙门那里，千方百计地拉关系，讲人情，极力追求一官半职，却干着欺凌老百姓的勾当。苏兆征、林伟民十分鄙视这些人的所作所为，继续留在船上当海员，热情地为海员兄弟们谋福利，探索今后真正的人生道路。国民党当局有些人知道苏兆征、林伟民等人是海员中真正享有很高威信和具有影响的人物，因此很想拉拢他们出来为其服务，但都被他们坚决拒绝了。一些好心的海员不解地问林伟民说："你们这些老同盟会会员，对建立民国有功，为什么这么笨，不去接受人家的好意呢？"林伟民不屑地回答说："人各有志。谁稀罕他们的'乌纱帽'！我们所追求的，是让我们劳苦大众怎样摆脱悲惨的命运，真正过上好的日子。"我国早期工运领导人邓中夏曾赞誉他们说："苏兆征与林伟民等却与此等团体的领袖迥乎不同"，"当国民党得势于广东，在广州组织政府而

海员苏兆征

与北庭对抗，联义社等海员领袖相率依草附木的到政府中钻营官职去了。兆征和伟民不仅鄙视这种钻营，甚至国民党政府知他们是海员中的健将，欲罗致之，予以官职。他们却掉头不顾，一心不离海员工作"。

这样，林伟民、苏兆征他们并不停歇，继续为广大海员兄弟谋幸福、为寻求救国救民的真理而摸索前进。

第三章

组织香港海员工会

　　1917 年，俄国工人阶级在布尔什维克和列宁的领导下，发动了震撼世界的十月社会主义革命，推翻了资产阶级的反动统治，建立了苏维埃政权，创建了人类历史上第一个社会主义国家。俄国十月革命的伟大胜利，"改变了整个世界历史的方向，划分了整个世界历史的时代"。俄国十月革命的胜利，也对中国革命产生了巨大影响，在中国人民面前展现出求解放的道路，极大地鼓舞着中国人民和中国的先进分子，使他们开始运用无产阶级的世界观作为观察国家命运的工具。他们受到十月革命的启示，并且很快在实践中得出向俄国革命学习，"走俄国人的路"的结论。

　　中国海员经常涉足世界各地，接触广泛，消息灵通。苏兆征、林伟民和其他海员在随船涉足世界各国港口的过程中，较快地知悉了关于俄国十月社会主义革命胜利的消息。他们还耳闻目睹在十月革命的影响下，欧亚各国人民的革命斗争如火如荼地猛烈发展的情景，都被这些重大事件所吸引，辗转相告，成为当时人们的主要话题之一。初时，包括林伟民、苏兆征等人在内，海员们对于俄国十月革命的内容、性质及其伟大历史意义并不清楚。后来随着见闻的增加，出于对新生事物的敏感性，海员们经过讨论琢磨，就逐渐知道了原来是俄国工人阶级推翻了资本家、地主阶级的统治，工人农民自己起来当家作主人，掌握国家的大权，不再受压迫和奴役。

后来，林伟民、苏兆征等海员相继随船到了海参崴，有机会与当地居民和海员接触，直接倾听他们关于俄国十月革命经过的介绍，详细了解到十月革命的真实情况。林伟民、苏兆征相继到过海参崴国际海员俱乐部等地方活动，有机会与当地工会干部和工人接触，同时阅读到一些介绍俄国革命问题和马克思主义知识等方面的书刊，更进一步认识十月社会主义革命胜利的历史意义，领会到社会主义革命和马克思主义的一些基本道理，进一步树立了革命信念。苏兆征和林伟民"受到俄国十月社会主义大革命的影响，更坚强了他们斗争的信念与决心"。

十月革命的胜利，亦给中国人民带来了马克思主义，使中国人民看到了民族解放的希望，鼓舞着争取民族解放斗争胜利的信心。在十月革命的影响下，1919 年中国国内爆发了伟大的"五四"反帝爱国运动。全国各地城镇以至一些乡村各阶层群众都纷纷发表通电，举行集会游行，罢课罢市，以及发起抵制日货等一系列斗争活动。中国工人阶级在这次运动中正式登上政治舞台，起到了关键性作用。

在香港，虽然英国当局极力压制中国人民反帝爱国运动的进行，但仍有不少学生坚持举行罢课，商人举行罢市，街上散发或张贴着爱国学生的标语传单。一些学生上街进行宣传演讲。后来，不少市民又发起抵制日货运动，劝告商店不要销售日货，并把一些查获的日货当众烧毁。当林伟民、苏兆征和其他海员随轮船返抵香港时，便为香港市民的抵制日货等爱国壮举所吸引。他们走上街头，倾听爱国学生的宣传演讲，积极地参加了抵制日货和焚毁日货等爱国活动。

苏兆征、林伟民与一些海员碰在一起时，通过海参崴之行和参加香港抵制日货爱国活动的启示，联系香港海员自身的命运前途等问题进行议论。大家认识到，十月革命的胜利是俄国人民通过艰苦斗争得来的；对于如何改善海员工友的悲惨处境，同样要通过自己的努力斗争才能实现；当前首先要把广大海员工友团结和组织起来，有力量了，才能开展斗争和争取胜利。大家于是议定分头回到各自工作的轮船以及所属"馆口"，向海员们进行宣传发动和组织工作。

当时，香港有很多由海员工人自己组织的"馆口"，称为"兄弟馆"或"民主馆"。这是海员们为了应付包工头和买办等组织的"涉孖沙馆"的盘剥而成立的。这些"馆口"多为海员们自己集资筹办，属互助性质，按各自的籍贯或群体而组合。当时林伟民、苏兆征等人也都分别参加了有关馆口。一位老海员回忆说："我们海员当时组织的馆口，称为'兄弟馆'或'民主馆'，在香港约有一百多间，多是按不同籍贯分别组合。据我所知，苏兆征、冯燊、何来等属'义兴

1921年3月，中华海员工业联合总会（简称香港海员工会）由苏兆征、林伟民等发动组织成立。图为1922年海员工会创办员合影（右下角为林伟民）。

阁'的，林伟民属'群谊社'，陈郁、陈权等属'航乐社'的。"

林伟民多次回到工作过的轮船和馆口找海员们谈心，向他们进行宣传发动工作。初时有些海员认为生活贫穷的原因，是由于自己命苦，运气不好；认为贫苦是命中注定，自己是无法摆脱的，不如老老实实干活，以免惹是非，引起老板工头不满，到头来就更倒霉了。林伟民并不灰心，针对一些海员的思想状况，着重分析海员所受的非人待遇和悲惨命运，并不是命中注定的。要想挖去穷根，摆脱悲惨命运，绝不能靠老天爷施舍，只能靠自己奋斗来争取，正如俄国工人阶级那样；坐以待毙，不如从斗争中求生。他还启发大家，只要海员们齐心团结，不分界限，互相帮助，就会有力量了。苏兆征也返回"义兴阁"和所工作的渣甸船等处，找海员们谈心，耐心做宣传发动工作。经过林伟民、苏兆征等骨干分子不断耐心宣传发动，不少海员渐渐被吸引住了，开始接受他们的宣传影响，团结在他们周围。苏兆征和林伟民等"凭着马克思的理论、工作经验和创造性的天才，渐渐地吸引了很多海员群众"。

苏兆征、林伟民他们通过向海员做宣传发动工作的过程中，还认识到革命斗争的进展与成果，是要在不断坚持斗争中锻炼和体现出来的。因此，当海员工友渐渐觉悟和发动起来的时候，就应结合工友们的切身利益与要求，及时开展斗争，在斗争中磨炼和提高。

1920年，苏兆征在一艘英国资本家的轮船上做工。有一次，船上发生了一名中国童工遭到包工头的无理殴打，伤势较重。苏兆征看见了，"认为斗争的时机已至"，决心通过这一机会发动船上的中国海员起来与资方斗争。在苏兆征带领下，大家涌往船长室，把门口堵住，向船长提出抗议。船长第一次看见中国海员们如此齐心行动，不禁紧张起来，生怕海员闹事，影响航程，因此赶忙答应赔偿药费，以求息事宁人；同时命令海员们立即回去工作，不得有误。一些海员见船长答应赔偿药费，就感到心满意足，于是散开回去继续工作。

但是，苏兆征并不就此罢手，认为问题的关键，不仅在于解决一个海员的不幸遭遇，更重要的是还要进一步考虑全船海员今后能否不受虐待，大家的人身安全能否得到起码的保障，因此应该更进一步向资方提出要求。苏兆征于是再找海员们商量，把这些道理讲给大家听，启发大家提高认识，继续坚持斗争。在苏兆征带领下，海员们共同签名写信给轮船公司老板，要求严肃处置行凶打人的包工头，保证今后不再发生类似事情。与此同时，苏兆征又发信联络香港其他轮船的中国海员工友，吁请他们联合行动，造成声势，以声援海员们的斗争。很多失业海员深明大义，表示积极响应，站在苏兆征他们一边，宁愿继续失业饿肚皮，也不受雇上船工作。其他轮船的中国海员闻讯，也纷纷表示要以举行"同情罢工"的实际行动，声援苏兆征他们的斗争。

　　轮船公司资方看见海员们这样齐心行动，方才紧张起来，经过权衡利害得失后，终于被迫接受苏兆征他们的各项要求，并保证今后不让虐待工人的事情再次发生。苏兆征领导的罢工斗争以取得完全胜利而结束。

　　这次斗争的胜利，在广大海员中发生了巨大影响。林伟民和刘达潮等积极分子也纷纷在各自的轮船上带领海员们开展了反虐待、反克扣工资、要求改善待遇以至痛惩横行霸道的工头等斗争活动，取得了不同程度的胜利。这样一来，大有使资本家应接不暇之势。

　　苏兆征和林伟民等人通过这些胜利的斗争，进一步锻炼和启发教育了自己，同时认识到团结就是力量的重要意义。他们感受到，原在海员中成立的"兄弟馆""联义社"和"慈善会"一类的团体，虽然为大家办过不少福利事业，在互助互济等方面起到过一些作用，但由于组织涣散，缺乏战斗力，远远不能适应当前现实斗争的需要，因此必须学习俄国和欧美工人阶级的榜样，组织巩固的、具有坚强战斗力的、能够真正代表海员工友利益的工会组织，才能将广大海员工友团结起来，使他们的利益得到切实的保障。

　　苏兆征、林伟民以及一些骨干分子，排除各种困难与干扰，进一步在海员中大力宣传建立工会团体的意义，并具体着手进行筹划组织工会的工作。经过酝酿，大家决定首先成立一个海员工会筹备会，具体进行筹备工作。由于林伟民具有很强的宣传组织能力，被大家一致推举为筹备委员，与陈

中华海员工业联合总会会员代表的一次集会留念。第四排左四穿黑西装者为林伟民。

炳生、谭华泽等人共同组成筹备委员会。老海员陈炳生则为筹委会召集人。当年曾任筹备委员的冯永垣回忆筹备海员工会的经过："1920年，我们大家开始筹组海员工会。筹备地址在香港干诺道中。经过酝酿，公推罗贵生、林伟民、冯永垣、谭华泽、翟汉奇、陈炳生、邝达生、麦光和陈一擎等担任筹备委员。"

在此基础上，经过进一步积极宣传组织工作，条件已基本具备。1921年2月28日，海员工会乃告正式成立，工会名称正式定为"中华海员工业联合总会"（简称香港海员工会）。一位老海员回忆说："关于工会采用什么名称，大家经过了一番热烈讨论后，通过定名为'中华海员工业联合总

香港海员工会成立后，定期出版海员工会会刊。林伟民是会刊的主要编撰人之一。

中华海员工业联合总会的证书

会'，既表示海员工人的联合，又表示工会是现代产业性质的。"海员工会第一届会长为陈炳生，林伟民被选举为工会干事会干事之一。海员工会地址设在香港中环德辅道中 139号 3楼。最初的组织，仅为在海外打工的香港海员参加；后来国内的珠江、长江、黄河、黄浦江的中国海员亦陆续加入；除在香港设立总会外，后来还相继在上海、广州、汕头、香山设立分会。

中华海员工业联合总会的成立，乃是中国海员工人第一个真正的工会组织，也是中国最早成立的现代产业工会组织之一。香港海员工会的成立，不仅大大激励着广大海员的斗志，并将大大促进香港工人运动的发展。

第四章

发动香港海员大罢工

俄国十月革命以后，世界革命形势日益高涨，各国工人罢工运动风起云涌。在俄国十月革命和世界革命潮流的推动下，经过马克思主义的宣传和五四运动的锻炼，中国工人阶级进一步觉醒，并且开始以独立的姿态走上了政治舞台。1921年7月，在马克思主义和中国工人运动相结合的基础上，中国共产党正式宣告成立。中共从成立之日起，就致力于工人运动，成立了中国劳动组合书记部，作为指导全国工人运动进行的机构，积极发动和组织广大工人群众为争取和保护自身合法权利而进行了一系列罢工斗争。

全国各地汹涌的革命潮流以及工人罢工斗争的胜利，为香港海员的斗争起到了良好的示范作用，使他们受到影响和鼓舞，增强为争取改善自己的经济生活和政治地位而斗争的信心。1921年2月，中华海员工业联合总会的成立，标志着香港海员工人的阶级觉悟空前提高和组织性的进一步加强，政治上也比较成熟了。从此，香港海员有了工会的依靠，反抗资本家和封建包工头的压迫剥削就更有力量。

长期以来，特别是第一次世界大战以来，香港的生活费用异常昂贵。香港广大海员的经济生活和地位更是每况愈下。海员工人每月收入很少，勉强维持自己的生活已经不容易，再加上养儿育女，就更加困难了。海员上船做工，往往一出门短则数月，长则一两年以上，留下妻子儿女在家乡，长期没有生活来源，儿女生病饿死或被迫卖去，时有所闻。海员如遇失业，生计无着，只好沦落街头，饥寒交迫，悲惨异常。中国早期工运领袖邓中夏曾论述说，"香港一处，海员失业的经常总有一两万人"；"船东与包工者恃有此经常的广大劳动后备军，得肆无忌惮的对在业海员施行无情的剥削。你如不愿受此剥削，就把你挤出于轮船之外"。

此期间，广大海员的迫切要求，就是反对歧视，反对盘剥，要求增加工资，改善生活待遇。由于林伟民、苏兆征在海员中享有较高威信，不少海员找上门来，向他们倾诉生活困苦等情况，迫切希望他们能带领大家解决所遇的困境。林、苏两人认为海员工会应该关心海员工友的困难，通过工会的集体力量，代表海员向轮船资方提出增加工资、改善生活待遇的要求，方能有效地解决问题。他们于是一再向海员工会会长陈炳生等人反映海员们的困难情况及急切要求，建议工会重视和研究讨论解决办法。

1921 年 5 月 17 日，香港海员工会会长陈炳生召集干事部及部分骨干分子开会，讨论如何解决广大海员工友的生活困难等问题。林伟民、苏兆征都参加了会议。经过大家热烈讨论，最后决定向资方提出增加工资、改善待遇的要求；但在正式向资方提出之前，先将此事广泛征询海员们的意见和进行办法，以便统一意见及采取共同行动。6月4日，海员工会再次召开干事部和在港海员大会。林伟民、苏兆征等在会上报告了向海员们征询意见的经过，主张工会应代表海员兄弟统一向轮船资本家提出增加工资要求。经过讨论，大会通过了向轮船资本家提出增加工资的要求。为保证工作的顺利进行，会上决定成立一个"海员加工维持团"，作为"专理加工事务""谋公共前途之幸福"的机构。由于林伟民、苏兆征等人一贯来的突出表现，在群众中享有很高威望，因此大家推选林伟民、苏兆征和其他一些骨干负责筹组并主持"海员加工维持团"的工作活动。在林伟民、苏兆征等人的主持下，加工维持团经过反复研究讨论后，通过了一份《宣言》及《海员加工维持团则例》，以中华海员工业联合总会海员加工维持团的名义，向广大海员以及社会各界散发。《宣言》号召"我们同业的工人，须当猛省觉悟，急起直追，切莫迟疑观望，自馁其气"。《海员加工维持团则例》要求"凡属海员，无论柜面、舱底、船尾、办房四行同人，均须担任维持加薪责任，希望达到利益均沾，幸福共享之目的"；强调"凡本会同人，须遵守总会规则，不可决裂滋事，致被外人轻视"，"希望同业诸君认定天职，责有攸归，踊跃加入，共表同情，将来海员之团体宏大，而海员之工值起色，亦海员人格光荣也"。

决心既定，海员工会于是积极进行事前的各种准备，成立了"宣传队""征求队""劝进队""交通队"和"防护破坏罢工队"等组织，积极开展活动。他们注意到1920年香港机器工人罢工后撤回广州坚持罢工斗争的经验，于是专程前往广州，与广州各工会团体联络，争取他们的支持，准备在广州筹备成立一个办事处。他们的广州之行，得到了广州各工会团体的热烈支持。当时广州出版的一份报纸报道说："海员未罢工之先，预在省城联兴街一带预备宿舍20间，并购备伙食，足供两个月之用。"

经过了一段时间的酝酿与准备后，1921年9月，香港海员工会向各轮船资本家正式提出了包括增加工资、改善待遇与改革雇工制度、反对包工剥削等方面内容的要求。

不出所料，香港海员工会向各轮船资方提出上述要求后，资方不予理睬，根本不作答复。同年10月26日，香港海员工会向轮船资方再一次提出了增加工资要求。轮船公司非但不予解决，相反却于此时故意给轮船上的其他外籍海员普遍增加了15%的工资。这种蔑视香港海员正当要求的行为，激起了广大香港海员的莫大愤慨。香港海员工会认识到，如果不带领海员们采取坚决斗争的手段，轮船资本家是决不会轻易接受海员们的正当要求的，因此决定准备用强硬

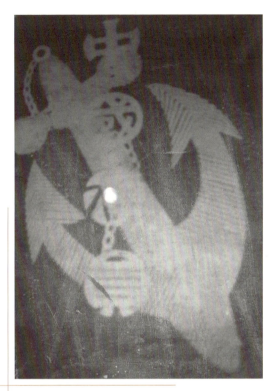

中国海员的图标标志

的罢工手段来回敬轮船资本家们。

在此期间，林伟民、苏兆征等工会干事和骨干分子，在香港一间咖啡店以喝咖啡作为掩护，在那里举行了一次会议。会上讨论研究有关罢工前的各项准备工作情况，以及举行罢工时的有关策略、分工等重要问题。苏兆征和林伟民等主张海员们在香港举行罢工后，学习1920年香港机器工人的斗争经验，及时撤回广州，以广州作为阵地坚持斗争。经过热烈讨论，会上一致同意采用这一斗争手段。会上还研究讨论了工会骨干们的领导分工问题，决定届时罢工实现后，以广州为阵地坚持斗争，并在广州成立一个办事处，由苏兆征负责，以组织领导海员们在广州坚持斗争活动，同时负责处理罢工过程中有关事宜。工会会长陈炳生，干事林伟民、翟汉奇等则留在香港，负责继续发动海员罢工，联络争取香港各行业的支持，并应付香港当局可能采取的压制罢工的手段等等；日后他们返回广州，共同参与领导罢工斗争。

鉴于轮船资方一直拒不理睬海员工会提出的加薪要求，1922年1月12日上午，香港海员工会第三次向轮船资方提出了增加工资、改善待遇等条件，并声明限资方于24小时内作出明确答复，否则到时就一致举行罢工。但是轮船资方依然置之不理。饱受压迫剥削的香港海员工人，再也压抑不住长期埋在心头的怒火，终于在当天下午毅然宣布举行大罢工。海员工会随即向社会各界散发了由苏兆征、林伟民等人参加讨论和起草的《罢工宣言》。"宣言"号召"凡我海员遵守停工规则，万众一心，风虎云龙获收效果，庶乎有期"。

这样，震惊中外的香港海员大罢工，锐不可当地正式爆发了！

当时出版的报纸报道说：香港海员工会正式宣布罢工后，当天从英、美、日、荷等国开到香港港口的远洋轮船，"有十四五艘之多，一经入口，即有工人通告要求加薪之失败情形。各人大愤，船甫泊岸，即相率离船"；"此次香港船员罢工，凡用华人为船员之船，除某某一艘外，余皆在内……船上华员，自领港以至装炭之人，均停工离船"。从

平日香港海面船只熙来攘往，一片繁华。1922年1月，在苏兆征、林伟民等领导下，香港海员举行了大罢工，香港变成了"死港""臭港"，海面一片寂静。

香港开往各港口的轮船，海员们听到罢工的消息后，待轮船一经靠岸，就纷纷上岸，实行罢工。凡到香港来的轮船，就这样来一艘，停一艘，有来无去，因此"香港海面船舶如排织"。12日当天，罢工人数就达1500人，涉及轮船数十艘。

从罢工爆发以至日后的整个罢工过程中，港英当局竟然公开支持轮船资本家，维护其利益，而对罢工海员采取了敌对和镇压的立场。因为在这次海员罢工过程中，遭受打击停航的轮船，属于英国资本的，几乎占了一半，这就形成了袒护英国轮船资本家利益的港英当局与罢工海员之间的利害关系冲突。另外，由于罢工海员在斗争过程中被迫采取封锁港口等一系列必要措施，港英当局则视为危及其统治秩序的"非法"行为。在帝国主义者的眼里，中国人民只配让他们剥削与奴役，现在竟然敢于反抗，自然被视为不可容忍，因而就迫不及待地公然站出来对罢工海员进行压制以至镇压。这样，香港海员原来为要求增加工资、改善待遇而进行的经济罢工斗争，现在由于港英当局的公开破坏和镇压而被迫进行反抗，从而使这次罢工斗争进一步具有反抗帝国主义压迫的政治意义。当时出版的一本著述说："这次罢工主要的动机自然还是经济斗争的性质。可是，因为这次罢工是中国初次广大群众的罢工，这次罢工的直接对象是帝国主义香港政府和外国资本家，这次罢工也是反帝国主义的斗争，且具有重大的政治意

1922年1月12日，因资方无视香港海员工人加薪要求，中华海员工业联合总会发起罢工，海港全部停航。

味。"邓中夏对这次由苏兆征、林伟民等人领导的香港海员大罢工给予很高的评价,称赞"香港海员首先便掀起中国第一次罢工高潮的第一怒涛"。

轮船资本家万万没有想到香港海员竟然敢于"造反",如此齐心地举行罢工。面对如此浩大的声势,他们方才紧张起来,赶忙前往香港政府,要求港英当局出面干预。当天下午,港英当局华民政务司夏理德赶到香港德辅道中香港海员工会所在地,企图压制香港海员的罢工行动。当时苏兆征、林伟民等骨干正在开会,研究罢工下一步的行动。夏理德一伙闯进工会后,狂妄地对在场的罢工海员们说:"本港政府是绝对不允许这种罢工行为发生的。你们有什么要求,可以通过本政府斟酌处理。难道你们这样做法,就不怕饿肚皮吗?"

苏兆征、林伟民当即挺身而出,严词驳斥说:我们已向轮船老板们提出过三次增加工资要求了,并且每次都同时照会过你们香港政府。你们有没有看过?为什么你们不早出来说话?夏理德被批驳得一时无话可说。苏兆征接着说:现在我们已经决定罢工了。如果要我们复工,除非完全承认我们所提全部条件不可。至于是否饿肚皮,这是我们自己的事情,我们自己会解决,不用劳你们费心。

苏兆征的话,说出了全体海员的共同心声,也表达了海员们坚强的斗争意志和不可侮辱的人格尊严,当场激起了海员们的掌声和欢呼声。

建于1869年的香港大会堂。这是香港海员大罢工期间港英当局与海员工会成员谈判的地点之一。

夏理德十分尴尬，只好换过一种口吻，要求海员工会可否再宽限十天八天时间，待港英当局与资方商定出一个统一的办法后，再通知海员工会解决。这是他企图用"拖"的哄骗手法以压制罢工。但是，苏兆征、林伟民和在场的罢工海员并没有上当。他们愤怒地说："船公司对于工会函件置不答复，实属轻视工人。我等各有父母妻子，皆赖工资以仰俯蓄，不能再为忍耐。"夏理德企图压制破坏罢工阴谋破产后，至下午7时，只好灰溜溜地离开海员工会。

海员工会领导人随即继续开会，决定仍按上次咖啡店会议所定计划进行。除陈炳生、林伟民、翟汉奇等少数骨干留在香港继续联络和发动海员罢工外，已参加罢工的海员，由苏兆征等率领，离开香港，撤回广州，以广州为阵地坚持罢工斗争。会后，"工人等亦不再回船当工"，"自12日下午5点钟起至13日下午止，各海员之罢工者约达6000余人，昨日搭广九铁路火车上省者约2000余人"。连日来广州各工团派出代表在车站招待各海员至宿舍住宿，"各海员抵省后，各皆佩有'海员罢工'诸字样之白布襟章，联队往各马路游行，似甚愉快"。

苏兆征等率领的罢工海员撤回广州后，林伟民、陈炳生、翟汉奇等继续留在香港。由于陈炳生、翟汉奇从酝酿罢工时起就抱怀疑态度，担心罢工斗争得不到好的结果，因此对于罢工进行一直持动摇消极态度。这样一来，香港方面的工作，实际上由林伟民担当起来。林伟民不辜负海员们对于自己的信赖，毫不畏缩地积极工作。他经常跑到码头，等候从外埠抵达香港的轮船，及时向船上海员们通报罢工已经举行的消息，动员他们参加到罢工的行列。他在香港继续深入各海员兄弟馆，找到一些仍然滞留香港的海员们谈心，了解和帮助他们解决存在的实际问题，让他们解除顾虑，轻装返回广州参加罢工。港英当局从罢工一开始就施行压制政策，极力破坏罢工。轮船资本家收买了一批流氓、工贼之流，制造谣言，恐吓海员，阻挠他们参加罢工。针对这些情势，林伟民动员了一批海员积极分子，成立了"打狗队"的组织，专门对付企图破坏罢工的分子。

夏理德阻止罢工失败后，1月13日，港英当局和轮船资本家加紧商量对策。轮船资本家迫于情势，只好订出一个"加资方案"，以期缓和罢工。与此同时，香港华民政务司发出通告，一面虚伪地表示："船务东主允将各船员困难情节，磋商办法，如彼此仍有未协之处，则由政府即委公正人出为调处，务求妥善。"一面又威胁海员说："你等须于本月十六号，即礼拜一正午前一律回船工作，否则无磋商调处之希望。"但轮船资本家开出的加薪数目与罢工海员所提要求相差甚远，海员们当然不能接受。在林伟民指挥下，一些海员在香港海员工会门前张贴了"凡我海员工人，须候船东认允签字，方可开工"的大幅标语，以示坚持罢工的决心。

16日，轮船资本家们悍然决定，"不再与工人磋商；日前应允增薪条款，亦一律取消"。当天，港英当局亦悍然下令戒严，派出大批军警，荷枪实弹，如临大敌地在街上来回巡查。港英当局和轮船资本家以为罢工海员处于饥寒交迫之下，没有足够生活费用将罢工维持下去；若再施以高压手段，罢工就会立即陷于瓦解。但广大海员们坚持斗争，不为所动，致使港英当局破坏罢工的阴谋未能得逞。

17日，夏理德只好再次前往海员工会，要求进行商谈解决罢工问题。工会于是委派林伟民等4名代表前往谈判。在会上，夏理德继续玩弄威逼利诱手法，重弹上次到海员工会时压制罢工的旧调。轮船老板代表则一味强调"海员们应该立即回船上工，然后再磋商具体问题"。林伟民在会上发言，对港英当局实行戒严表示不满。他严正指出：广大海员为谋生存反压迫而举行的斗争是压制不住的。他态度鲜明地说：轮船老板所开加薪条件，与我们所要求的相差太远，根本不能满足我们的要求，我们绝对不能接受。如果这一问题没有解决，我们绝对不会上工。

18日下午，夏理德再约请林伟民等代表到华民政务司，继续诱骗他们接受轮船资本家的条件，说什么"本司今为最后忠告，今船东既肯加资，又声明正月一号起加，是有磋商地步矣。彼此都要让步方可，否则两方面皆受害，而尤以你辈工人受害更惨也。船东方面若因工人坚持不肯开工，行将变计，你辈工人当见机而行"。但是，林伟民等代表毫不畏惧，坚持要资方全部接受海员关于增加工资的条件，方才答允复工。最后，林伟民斩钉截铁地表示：不达目的，誓不停止罢工斗争。接着海员代表们迈步退出官署。

港英当局见威逼利诱手法不能奏效，悍然改取强硬手段，竟于18日正式宣布撤回轮船资本家日前提出的加薪条件。但是，港英当局的镇压政策始终无法迫使广大海员工人低头屈服。

林伟民一面将在香港与港英当局及资本家们针锋相对地进行斗争的经过，及时向广州海员罢工总办事处苏兆征他们报告；一面继续在留港海员工人中做宣传发动工作。他与香港运输等行业工人联络，向他们通报海员罢工经过及与轮船资本家交涉情况，取得他们的深切同情与支持。他同时布置"打狗队"继续密切注意并及时打击那些敢于破坏罢工的工贼流氓之流。然后，林伟民等骨干离开香港，返回广州，继续参加领导罢工斗争。

第五章

罢工斗争的重大胜利

　　为更好地驾驭罢工斗争形势的发展，带领广大海员群众同心同德地坚持斗争，香港海员工会宣告罢工后，就及时在广州设立了一个罢工的总指挥部——海员罢工总办事处。罢工海员们选举苏兆征担任总办事处总务部主任。罢工总办事处虽是在香港海员工会领导之下工作，但由于工会会长陈炳生从罢工一开始就抱消极动摇态度，根本就不关心罢工斗争的进行。后来他又因杀死妻子被捕，因此领导罢工的重任实际上落在苏兆征和林伟民等人的肩上。

　　林伟民从香港回到广州后，立即与苏兆征等人一道全力以赴地领导罢工斗争。林伟民虽然在罢工总办事处没有担任具体职务，但同样是罢工的主要领导人和决策者之一。当时香港海员工会理事之一的冯永垣说："领导海员大罢工的，主要是第一届工会的理事林伟民等和骨干苏兆征等同志。罢工期间，他们经常在晚上开会商量研究关于罢工斗争的事情。"早期工运领袖邓中夏也明确指出："1922 年的香港海员大罢工，并不是国民党发起的，而是兆征、伟民等觉悟分子发起的。"当时苏兆征与林伟民对领导罢工作了分工。苏兆征负责操持全局，具体主持海员工会（陈炳生被捕后由苏

兆征代会长）和罢工总办事处的行政事务、财政收支等重要
工作；对外宣传、交际和有关组织工作，则由林伟民具体负
责。对于罢工斗争策略的制定等重大问题，由以他们为核心
的一些骨干共同研究确定。这个由苏兆征、林伟民等骨干组
成的坚强的领导核心，成为这场震惊中外的大罢工取得辉煌
胜利的关键。

为了更有效地对抗港英当局和轮船资本家的高压，苏兆
征、林伟民等领导人对香港局势进行了认真的分析研究后，
决定在继续坚持罢工斗争的同时，制定对香港实行经济封锁
的策略。为此，罢工总办事处决定挑选一批罢工海员，组成
一支罢工纠察队。由于林伟民前段时间在香港有组织"打狗
队"打击敌人的经验，这一工作由林伟民负责。纠察队分别
驻守在九龙边境一带和从内地前往香港的各个陆上交通要
道，以及广东境内一些与香港有来往的港口，在当地人民群
众的支持配合下，实行严格的经济封锁，以断绝对香港的供
应。

罢工海员采取上述经济封锁措施后，迅速取得很大效
果，产生了巨大威力，使港英当局很快就尝到了苦头。香港
日常所需的粮食及猪、牛、三鸟、蔬菜等各种副食品，往常
主要靠广州、梧州和汕头等地运来；纺织品原料和日用品之
类则靠上海等地运来。由于航运的停顿以及对香港实行封
锁，上述来源几乎断绝，严重地影响了香港的供应。这样一
来，香港的粮食和各种副食品等物资的供应，只好靠原有的

储存来维持。但由于有出无入，物资越来越缺乏，供应越来越紧张，物价也因此猛烈上涨。据当时的报纸报道：香港"因鱼菜来源短绌，昨日鱼价已开始起价，每斤贵出五仙"，"若再延数天，则各物必大加飞涨"；"粮食鸡猪米多靠梧州，今亦断绝，将来物价必愈腾贵"。

港英当局和轮船资本家的态度十分嚣张，认为区区数千名中国海员"闹事"是不难对付的。为了彻底破坏罢工，他们决定前往上海等地招募新工人前来取代香港罢工海员。但是，苏兆征、林伟民等已经预料到对方会来这一手，所以早就采取了防范措施。罢工举行后，罢工总办事处以苏兆征、林伟民等人的名义急电当时设在上海的"中国劳动组合书记部"，请求给予协助，设法阻止新工人前来香港。

中国共产党成立虽然只有半年左右时间，但从其诞生之日起，便已致力于工人运动的开展；对于此时发生在南方的香港海员大罢工，也密切地关注着，并通过中国劳动组合书记部做了大量的支援香港海员罢工斗争的工作。中国劳动组合书记部及时发动上海工人成立"香港海员后援会"，积极开展支援香港海员罢工的各种活动。对于港英当局招募新工人以破坏罢工的阴谋，也及时采取措施来对付，从而粉碎了港英当局的阴谋。广东地区共产党组织更是带领其成员站在斗争的前面，及时发表文告宣传，对海员罢工斗争给予有力指引。

罢工以来所面临的复杂斗争，使苏兆征、林伟民等人从

一、

二、

三、

四、

共產黨廣東支部
一九二二、二、九。

罢工期间，中共广东支部公开发表了《敬告罢工海员》的文告，令罢工海员受到极大的鼓舞。

斗争的实践中认识到：海员罢工斗争要取得胜利，除了要继续加强海员自身的团结并坚持斗争外，还必须争取香港各行业工人的广泛支持，汇成更强大的力量，才能给予港英当局和轮船资本家以更大的打击，取得斗争的最终胜利。经过研究，苏兆征、林伟民等罢工领导人决定派遣一些骨干分子返回香港，积极串联发动香港运输行业的工人，争取他们举行同盟罢工，以声援海员的斗争。香港运输工人人数众多，热烈响应香港罢工海员的呼吁，毅然决定于1月底举行同情罢工。这样一来，香港海员罢工扩展到其他行业，参加罢工的人数骤增。据当时报载，"刻下香港罢工水手人数已达一万六千之众"，"此次船工及起落货苦力、货仓苦力、煤炭苦力、帆船货船罢工之人，约共4万余人"。

2月1日，港英当局以香港海员工会犯有"运动他项工人罢工""危及香港之治安与秩序"的罪名，悍然宣布香港海员工会为"非法团体"，命令武装军警前往海员工会办公地方，将会所内的物品全部抢走，"中华海员工业联合总会"的招牌也被强行摘除下来抢走。在封闭香港海员工会的同时，港英当局又对香港运输工会施加压力，企图阻止运输工人参加同情罢工。但是运输工人并不理睬港英当局的恫吓，继续义无反顾地加入罢工斗争行列。港英当局恼羞成怒，又下令封闭海陆理货员工会、同德劳动工会、集贤工会等运输工会组织。至此，港英当局对于香港工人群众为谋生存反压迫而举行的正义斗争所采取的高压政策

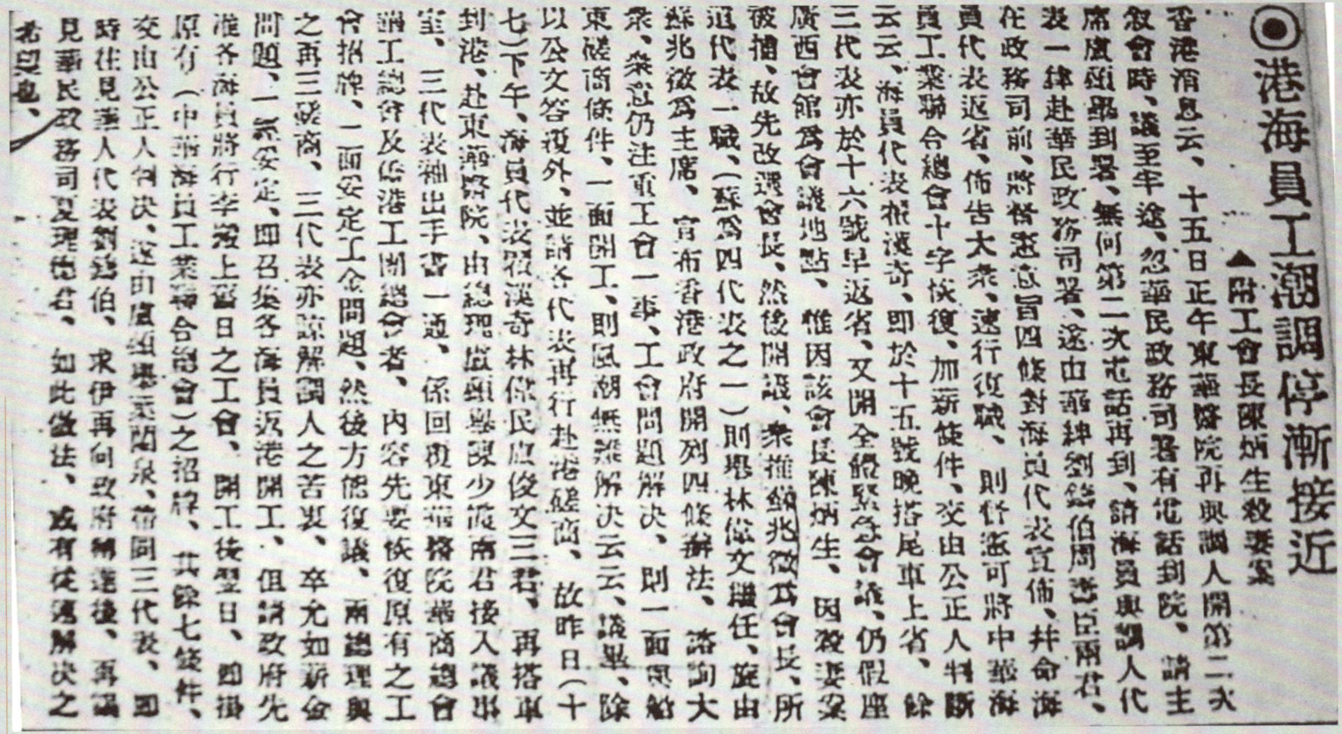

◎港海員工潮調停漸接近

港海員工潮調停漸接近

▲附工會長陳炳生殺妻案

香港消息云、十五日正午東華醫院再與調人開第二次敘會時、議至半途、忽華民政務司署有電話到院、請主席周壽臣到署、無何第二次電話再到、請海員與調人代表一律赴華民政務司署、途由羅旭龢劉鑄伯周壽臣兩君、在政務司前、將督憲意旨四條對海員代表宣佈、并命海員代表返省、佈告大衆、速行復職、則修滋可將中華海員工業聯合總會十字恢復、加薪條件、交由公正人判斷云云、海員代表孫漢奇、即於十五號晚搭尾車上省、餘三代表亦於十六號早返省、又開全體緊急會議、仍假座廣西會館爲會議地點、惟因該會長陳炳生、因殺妻案被捕、故先改選會長、然後開議、衆推翟兆微爲會長、所遺代表一職、(係爲四代表之一)則舉林偉文繼任、旋由翟兆微爲主席、宣佈香港政府開列四條辦法、諮詢大衆、衆以仍注重工會一事、工會問題解決、則一面復船東磋商條件、一面開工、則風潮無難解決云云、議畢、除以公文答覆外、並請各代表再行赴港磋商、故昨日(十七)下午、海員代表翟漢奇林偉民暨役文三君、再搭車到港、赴東華醫院、由總理嚴與學陳少箴兩君接入議出室、三代表補出手書一通、係回覆東華醫院羣商總會調工總會及僑港工團總會者、內容先要恢復原有之工會招牌、一面安定工會問題、然後方能復議、兩總理與之再三磋商、三代表亦諒解調人之苦衷、卒允如薪金問題、一經安定、即召集各海員返港開工、但請政府先准各海員將行李搬上當日之工會、開工後翌日、即掛原有(中華海員工業聯合總會)之招牌、其餘七條件、回交由公正人判決、迄由嚴與學葉蘭泉、帶同三代表、同時往見華人代表劉鑄伯、求伊再向政府轉達後、再謁見華民政務司夏理德君、如此做法、或有從速解決之希望也、

这是当时报纸关于罢工期间林伟民等前往香港与港英当局谈判的报道

和敌视立场更暴露无遗。

由于香港航运几乎完全陷于停顿状态，市内日常必需品更加匮乏，加之商人乘机哄抬物价，香港物价也就更加暴涨。全港人心惶惶，市面一片紧张，居民怨声载道。轮船资本家在经济上日益受到巨大损失。香港不少商业资本家也因香港海员和运输工人罢工，在经济上蒙受重大损失。广州和上海等地对香港的进出口贸易亦因海员罢工而受牵连。各方面人士都强烈要求调停罢工，"从速进行，务期早日解决"。这样一来，罢工斗争给予港英当局和轮船资本家以沉重打击。香港的局势也更为严重了，港英当局惊呼：香港海员罢工是"陷本殖民地生命于危险之境"。

港英当局面对日益严重的局面，眼看高压政策无法将这场罢工镇压下去，加上社会舆论的巨大压力，只好暂时收敛其高压政策，改用"调停""谈判"的手法以对付海员的罢工斗争。

在港英当局的授意下，中国轮船资本家、香港绅商集团等方面先后出面"调停"，并派人前来广州海员罢工总办事处，请求派代表到香港进行谈判。苏兆征和林伟民等骨干决定交由海员大会讨论。会上人们热烈发言。多数主张要在港英当局首先答应恢复海员工会的前提下，然后才去谈判。会上通过了关于恢复"中华海员工业联合总会"及工人增加工资等九项条件，作为与对方谈判时的原则。会后，海员罢工总办事处即将上述条件电告港英当局，并申明九项条件中，以第一条即首先答应恢复"中华海员工业联合总会"原状为首要条件。

为了表示海员工人的诚意，争取社会上的更多同情，海员罢工总办事处决定委派苏兆征、翟汉奇、陆常吉和卢俊民四人为代表，于2月中旬前往香港与对方谈判。在谈判过程中，苏兆征他们坚持原则，严正揭露港英当局和轮船资本家长期残酷压榨海员工人的种种事实，以及压制和破坏海员正义斗争的阴谋，坚定地表示港英当局首先要答应恢复海员工会，送回工会招牌，然后再谈增加工资等条件。

香港华民政务司夏理德出来见海员代表，以威胁口吻说：工友们是在你们的恐吓威胁下参加罢工的；至于工会，是政府正式下令封闭的。你们如果想恢复工会，这也可以，但要更改工会名称。苏兆征义正辞严地回答：你们说我们恐吓他人罢工，请问有何证据？相反，正是你们出动武装军警，把我们的工会强行封闭了，还把我们工会的招牌抢走，这才是十足的恐吓行为！苏兆征坚定地说：现在问题很简单，第一，送还我们的工会招牌；第二，承认增加工资条件。如能这样，我们就立刻上工；如要我们更改工会名称的话，那末加工资问题也不必谈了。

双方谈判没有任何结果。2月16日，苏兆征一行从香港返回广州，随即召开全体罢工海员大会，详细介绍与港方谈判的经过。由于海员工会会长陈炳生犯杀妻罪被捕，大家一致推选苏兆征为会长；至于他的谈判代表一职（苏为四名谈

判代表之一）改由林伟民接替。随即，应港方请求，"昨
（17日）下午，海员代表翟汉奇、林伟民、卢俊文三君再搭
车到香港"。

20日，夏理德与林伟民一行谈判。当他看见海员代表中
有林伟民这个老对手时，便知道不好对付。他旧调重弹，说
什么本政府封闭海员工会的命令是不可更改的，为"照顾"
你们，你们必须证明自己没有"法外举动"，同时立即复工，
政府方可考虑让你们工会恢复活动。林伟民批驳说：我们要
求增加工资、改善待遇，天经地义，完全合理合法，根本不
存在什么"法外举动"。相反你们香港政府强行以武力封闭
我们的工会，并抢劫了我们工会的招牌，这一行为才真正是
"法外举动"。夏理德被批驳得无言以答，十分狼狈。

谈判还是没有任何结果。林伟民一行于是又离港返回广
州。2月22日，苏兆征主持召开罢工海员大会，听取赴港
代表报告谈判经过。对于港英当局顽固拒绝恢复海员工会，
海员们十分愤慨，"一致声称反对"，决定继续坚持罢工斗
争到底，决不屈服。由于港方旋即又来电请求派代表继续前
往谈判。2月22日晚，林伟民等代表再次"赴港磋商"。

23日下午，夏理德出来与林伟民等谈判。他在会上依然
重弹老调，为其无理封闭海员工会的政策辩解。林伟民戳穿
其阴谋用意，旗帜鲜明地表示海员们决不上当。他斩钉截铁
地重申：如果你们不首先答应恢复我们海员工会的原状，就
不必再浪费时间"谈判"了。翌日，林伟民一行离港回到广

1922年3月6日，香港成千上万群众聚集在香港海员工会门前，热烈庆祝海员罢工胜利的盛况。

州。这样，双方的"谈判"至此终结。港英当局企图玩弄"调停""谈判"手段以诱骗海员停止罢工的阴谋，在广大海员群众的坚决斗争下，终告破产。

在罢工斗争过程中，虽然遇到了重重困难，但在苏兆征、林伟民等领导下，广大罢工海员无所畏惧，同心同德地排除困难，继续坚持斗争。作为罢工主要领导者的苏兆征、林伟民等人，深知自己身上的责任重大，因此更加废寝忘餐、全力以赴地工作战斗着。他们经常用帝国主义、外国资本家如何残酷压迫中国人民的事例，激发罢工海员的思想觉悟，勉励大家一定要争一口气，同心合力坚持斗争到底，不达目的，誓不罢休。苏兆征和林伟民虽身为罢工领导人，生活同样十分俭朴，处处吃苦在前，克己奉公。他们与罢工海员食宿在一起，不分彼此，同甘共苦，深得广大罢工海员的衷心敬佩和拥戴。

在一个多月的斗争实践中，苏兆征和林伟民等领导人进一步认识到，面对如此强大和顽固的对手，只有继续联合全港工人阶级共同行动，造成更大的声势，才能夺取罢工斗争的最后胜利。为此，苏兆征、林伟民等人经过研究，决定再派遣一批骨干前往香港，与香港各工会联络，争取他们起来举行总同盟罢工，给予港英当局以致命打击。香港各工会团体积极响应海员罢工总办事处的呼吁，决定举行同盟大罢工以声援香港海员的正义斗争。

为了阻止香港工人总同盟罢工的实现，港英当局悍然宣

1922年3月，香港海员大罢工胜利，林伟民（第一排右二）、苏兆征（第一排右三）等罢工领导人和部分罢工海员的合影留念。

布紧急戒严。港英当局借口防范附从"过激主义"（即共产主义）的人"从中煽惑"，"滋生扰乱"，以英王名义发布了一个所谓《特别紧急条例》。如有触犯"条例"规定者，"处以1000元以内之罚款及一年以内之监禁"。一时间，香港局势十分紧张，完全陷入了战时状态。

尽管港英当局采取各种高压政策，但香港各行业工人毫不退缩。就在港英当局下戒严令当天，香港工人就相继参加罢工。据报载，几天时间内，香港参加总同盟罢工的，有邮局、银行、酒店、茶居、街市（菜场）、造船、电车、水底电线、报馆、印刷局、轮渡、屠宰业等行业的工人，还有饼干面包店、牛奶房的工人、店员杂工等等，就连外国人雇佣的仆人、厨师、园丁等中国洋务工人也纷纷加入了罢工。至3月初，罢工人数激增至10万人以上，罢工的汹涌浪潮席卷整个香港。市内交通断绝，生产停顿。商店酒楼纷纷关门，市面冷冷清清。当时的报纸报道说：香港昔日"入夜灯光四照，今则黑暗无生气"；"各行商店，因无货买卖，无形歇业者三十余行"。

在此局势下，港英当局气势汹汹地威胁说："本港实业如有必要，将不用粤人。"同时继续加紧戒严，派遣捕头、密探随同武装军警四处巡查捉人，威逼工人上工，如若不从，强行押送警署。罢工工人不甘屈服，纷纷离开香港撤回广州。

3月4日清晨，数千名罢工工人于九龙油麻地汇集后，成群结队地步行前往广州，当行至沙田地方时，港英当局的武装军警杀气腾腾地阻挡队伍前进。被激怒的工人奋力向前冲。一些工人还大声高呼："我们不要怕，向前进！"此时，港英军警竟然灭绝人性地开枪疯狂扫射，当场打死4人，打伤多人（其中因重伤不治的2人）。这就是英帝国主义者一手制造的骇人听闻的"沙田惨案"。

港英当局的血腥屠杀，非但不能吓倒香港工人，相反更加激起了人们的反抗。香港广大居民更加同情罢工工人。"沙田惨案"发生后，香港工人总同盟罢工继续坚持和扩大。据当时报纸记载："各业罢工者日增"，"港地商业，全行停顿，华人皆已离职"，使香港完全变成了"臭港"和"死港"。

"沙田惨案"消息传到广州后，罢工海员无不义愤填膺，纷纷声讨英帝国主义者屠杀中国人民的血腥罪行。海员罢工总办事处一面发出通电，向国内外人民揭穿事件真相；一面督促广东政府向英国提出严重抗议。在沙面英国人商店、住宅等处工作的厨师、侍役等中国洋务工人，亦积极酝酿罢工响应，后因陈炯明干预未能实现。

港英当局原以为通过野蛮的暴力镇压手段，就可以把香港总同盟罢工压制下去，结果却适得其反。在此情况下，港英当局知道如果再这样一意孤行，将会更加激起中国人民的反抗，从而招致更为致命的打击，因此只好被迫向罢工工人让步。港英当局不得不答应以海员早日提出的九项条件为谈判基础，举行谈判。在全港工人总同盟罢工的强大威力下，

香港海员罢工胜利后，海员工人在各界群众支持下，在广州越秀山建筑了一座"海员亭"，以志纪念。

港英当局终于不得不低头认输了。正如邓中夏所论述的："香港政府此时除接受罢工海员的要求外，再也无路可走，七十年来赫赫奕奕的大英帝国主义终于在中国海员的威力之下屈服了。"

港英当局既然答应愿以海员提出的九项条件作为谈判的基础，说明解决罢工的时机已经成熟，所以海员罢工总办事处也就同意港英当局的请求，派出代表林伟民等人偕同广东政府代表陆敬科等同赴香港进行谈判。林伟民等海员代表到港后，公断处随即成立。公断处由林伟民等海员代表、广东政府代表、港英当局、外国船主代表和中国船主代表等方面组成，谈判解决罢工的有关问题。

3月4日，谈判开始，分为两步进行：第一步先讨论解决船主与船员有关增加工资等各项条件，经双方达成协议并同意签字后，第二步再讨论解决海员与港英当局有关恢复工会等问题。经过双方的激烈辩论，两个议程终获解决。最后，公断处根据谈判过程中达成的协议，于3月5日由各方代表签字。林伟民、翟汉奇等人代表罢工海员在协议上签名。

3月6日，港英当局发表特别公报，宣布取消香港海员工会为不法会社的命令，同时取消香港居民离港的禁令等，并定于同日下午将"中华海员工业联合总会"的招牌送回。是日，当港英当局派专人将工会招牌挂回原处时，工会门前聚集着成千上万的香港居民，敲锣打鼓，高呼口号，燃放鞭炮，尽情欢庆这次罢工的伟大胜利。海员罢工总办事处随即下达复

1922年5月上旬，全国第一次劳动大会在广州召开。林伟民参加了大会，并在会上介绍香港海员大罢工进行情况。这是大会全体代表合影留念。

香港海员工会复会初期的会所

工令。林伟民等人也以谈判代表的名义散发传单说："本会同人代表连日在大会堂与中西船东磋商一切，现本日下午将各件完全议妥，双方署名为据。凡我同人，预备复业为盼。"

从 1922 年 1 月 12 日起，至 3 月 8 日止，历时 56 天的香港海员大罢工，终于以迫使港英当局低头屈服，承认香港海员提出的正义要求而告胜利结束。在这次罢工斗争中，林伟民作为中坚人物之一，与苏兆征等领导人以及广大海员团结一起，群策群力，英勇顽强，排除万难，立场坚定，始终不屈不挠地坚持斗争，表现了中国工人阶级的崇高品质和英勇无畏的战斗精神。香港海员大罢工的胜利，在中国工人运动史上具有十分深远的历史意义。林伟民曾总结这次斗争的重大意义说："1922 年的海员罢工，乃是中国工人阶级第一次起来反抗资本帝国主义的压迫。在这第一次的反抗运动中，已经表现了中国工人阶级团结的力量。这次罢工胜利的影响，使全中国的劳动人民奋起，使全中国的工友知道阶级团结的必要，知道只有我们自己团结起来，才能与压迫我们的资本帝国主义奋斗，保护我们自己的利益。"

林伟民、苏兆征的名字，与这场伟大的罢工斗争连在一起，载入中国工人运动的史册中。

历时56天的香港海员罢工斗争终获胜利，图为1922年3月6日，港英当局被迫将掠去的海员工会招牌挂回工会原处。

第六章

上海海员工运开拓者

上海是中国工业最发达的城市，也是中国工人阶级最集中的地方。在第一次世界大战前夕，上海现代产业工人为14万至15万人。海员是上海工人阶级的重要组成部分。上海海员有1万人以上。他们在经济上深受压榨，在政治上也饱受歧视，是上海现代产业工人中人数多、受压迫重、蕴藏着巨大革命力量的一支队伍。尽管上海广大海员有改善生活待遇的迫切要求，也有反抗资本家压迫剥削的力量，但是，上海海员的斗争活动却一直没能顺利开展，海员工会的组织也无法建立起来。1922年香港海员罢工斗争的胜利，给予上海海员工人以巨大鼓舞。为此，同年5月间，上海海员朱宝庭等到广州参加第一次全国劳动大会时，向香港海员工会求援，请他们派人到上海，帮助建立和统一海员工会，开展斗争活动。香港海员工会当即开会商量，决定委派林伟民前往上海工作。这样，"最终完成上海海员工会组织工作的是林伟民"。

林伟民从香港到了上海后，立即与朱宝庭等海员骨干一起，深入研究上海海员当前的状况及存在的问题，认为海员

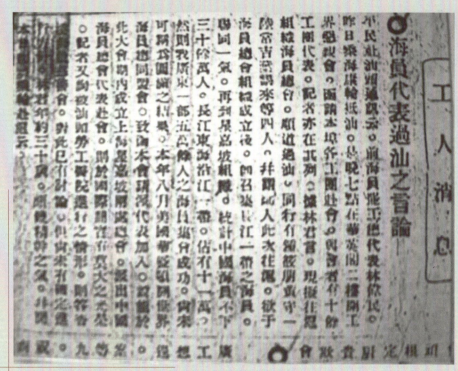

1922年5月，林伟民前往上海指导海员工人运动。这是当时报纸报道林伟民
赴上海途中经过汕头情景。

活动长期开展不起来，主要原因就在于当时上海海员中间组织涣散，欠团结，闹对立，没有结成一个统一的、能维护全体海员利益的工会组织，欠缺一个能够带领海员为反抗压迫剥削而冲锋陷阵的坚强的领导力量。为此，在林伟民的指导下，首先着手进行筹备建立海员工会的工作。

林伟民深入海员中间耐心做思想发动工作，鼓励大家要摒弃门户之见，团结一致，为着海员工人的共同利益而斗争。林伟民又邀集各海员团体的负责人开会，商议筹备成立统一的上海海员工会等具体问题，得到大家的赞同。他们在上海百老汇路163号楼租了几间房子，作为筹备成立工会的办公地方，同时着手制定工会章程等事宜。就这样，经过两个多月深入细致的组织发动工作，克服了各种困难，广大海员都纷纷表示赞同联合起来，成立统一的海员工会。当时报载："入会会员已甚踊跃，非仅本埠各海员甚为赞成，即其余各种团体，亦愿予以赞助。""1922年7月2日，上海海员统一的工会组织——中华海员工业联合总会上海支部（简称上海海员工会）正式成立，会员达2700人，林伟民任会长。"

上海海员工会成立后，海员们纷纷找上门来，强烈要求海员工会能带领他们向轮船资本家提出增加工资、改善待遇的要求。林伟民会长主持召开上海海员工会成立后的第一次会议时，就把如何组织领导海员开展斗争的步骤和策略问题，作为会议的主要议程。

这是当年林伟民在上海领导成立上海海员工会的办公地点：
上海百老汇路163号（今大名路208号）。

考虑到香港海员罢工时，外资轮船已经同意增加工资和承认工会，这次行动可不再将其列为要求加薪的对象。至于招商局，它是官督商办资本，在上海航运业中规模和势力最大，资金雄厚，拥有轮船30多艘，雇有海员约1500人；他们不仅与官方及外国势力有密切关系，而且又与黑社会的青洪帮有勾结，其能量往往左右着上海航运界。林伟民与工会干事们决定把这次斗争的锋芒主要对准招商局，兼及其他华人中小轮船公司。林伟民坚定地表示：我们这次斗争一定要取得成效，切实为海员兄弟办好事。会后，林伟民和工会骨干们分别到各轮船或海员的住处进行宣传发动工作。

7月23日、31日，上海海员工会先后发出两封信函，援引香港海员罢工时订出的加薪协定，要求招商局及各轮船公司给海员工人增加工资。但是招商局拒绝了海员的合理要求，激起了海员的愤慨。林伟民决定后发制人，于8月4日又发出以会长名义签署的第三封信函，要求"速予满意答复，俾能早日解决，否则船工设有意外举动发生，敝会实难负责也"。信函由朱宝庭和工会代表带着，直接去找招商局的总办傅筱庵。傅某十分狂妄地说：你们这帮穷家伙，别想来这里闹事。当场命令巡捕将朱宝庭等人赶了出去。

当晚，林伟民主持召开海员代表会议，由朱宝庭报告日间到招商局交涉的经过。海员们听了，十分愤恨，纷纷要求工会带领他们进行斗争。林伟民指出：既然他们拒绝了我们的合理要求，为了生存和正义，我们就只好用罢工手段来回

上海總工會告全體工友

工友：我們中國，受外國帝國主義的接接壓迫，就是到了極點——上海被他佔作去了，組

織擠去了。上海本是我們中國的上海，但是在上海的人，都要受外國鬼佬勢力的管轄

——要使我們上海的人，便變成了亡國奴了——尤其是我們的工人，更是苦不堪言！——

我們的汗血，被他們刮去了——

我們的身體，遭他們的打罵侮辱！

紅頭阿三，更是他們殘殺我們的劊子手！

我們工友被他們毆逼死的，毆打死的，水淹死的，那一天沒有了那一處沒有了

我們紀念工會，要遭他們的干涉禁止，同盟罷工，更要遭他們的摧殘！

我們的身體，好像是牛馬一樣！

我們的生命，好像是血汗一樣！

歐洲日的虎視隆隆，比計劃良的，兇狠有者！

小沙渡的被殺工友，被日本資本家打死了他人打傷了幾十人！

本生被殺，又被他槍打死了十幾人，市民罷市，他們更大施兇殘，打死了五十幾人

流血滿地，死屍到處！就因役人的鮮血，喚民眾起來反抗他，打倒他！

做不做工人！

快起來罷，各埠工友，全體一致援助，反抗殘殺人的外國鬼佬！

敬他们。我们的行动是正义的，一定会得到社会各界人士的同情和支持的！会上，代表们一致通过立即发动全体海员参加同盟罢工。

8月5日，上海海员工会公开发表了《罢工宣言》，号召海员们"必要毅力坚持，大众一心"。当天上午，黄浦江边鸣着刺耳的汽笛声，宣告上海海员大罢工正式举行。往日黄浦江上船只穿梭来往，一片繁忙；如今不少轮船静悄悄地躺在江面，动弹不得。上海海员们热烈响应工会号召，纷纷离船上岸，加入罢工斗争的行列中。报载："各海员自罢工后，皆纷至海员联络处签名，以表示自愿罢工。"统计先后参加这次同盟罢工的，有招商局、宁绍、三北、裕丰、元一、肇兴、绍兴等大小20余家轮船公司，60多艘轮船，共3000人以上。

在整个罢工斗争的过程中，海员们自始至终都同心同德，团结一致，服从上海海员工会的统一领导，坚持斗争到底；同时显示出林伟民、朱宝庭等罢工领导人的卓越组织领导才能。为保证罢工斗争的顺利进行，林伟民及时召集有关骨干开会，作出部署，海员工会成立了罢工事务所，作为罢工的联络中心和指挥部。罢工期间，均安水手公所、焱盈社等海员公所负责妥善安排罢工海员的住宿问题，将各办公地方临时改为罢工海员寄宿处，以便海员们上岸参加罢工时住宿；如有家室者，可以自听其便。参加罢工的海员每天由海员工会津贴伙食费大洋3角，保证食住无忧。海员工会号召海员们一定要严守罢工纪律，切勿在外招摇生事，以免影响海员工会的声誉。这样，罢工期间自始至终都显示着罢工秩序井然。

招商局所属轮船海员起来罢工后，其他各中小轮船公司海员也相继投入到罢工行列中。上海海员在团结战斗中显示出巨大力量，令各中小轮船公司的资本家大为震惊。他们拥有的船舶数量不多，资金不大，财力单薄，经不起罢工带来的冲击，无力承受由此带来的损失。他们深知香港海员罢工的威力，如果跟随招商局后面跑，让罢工继续发展下去，势必招致不堪设想的损失。为此，他们不顾招商局反对，在海员罢工的第二天，赶快派出代表前往海员工会商谈，表示愿意与海员工会谈判解决海员加薪问题，"答允海员联合会要求，签订加薪合同"。

为分化轮船资本家的联合阵线，集中力量对付顽固反对罢工的招商局，林伟民决定先行与元一、丰裕、宁绍等中小轮船资本家谈判解决加薪问题，双方共同签订了5项加薪条件。谈判结束后，海员随即复工，各轮船相继开航复业。另外一些中小轮船公司为大势所趋，也相继与海员工会谈判，接受加薪条件。各船海员复工开航时，海员工会发动工人群众在黄浦江边悬挂旗帜，燃放鞭炮，为其送行，气氛十分热烈。

从海员罢工一开始，招商局就对海员们的合理要求抱敌视态度。招商局自恃势力强大，资本雄厚，又有官厅和外国势力依靠，足可以与海员工人相抗衡。招商局一直拒绝承认上海海员工会，拒绝与海员工会谈判，拒不接受海员们的加薪要求。海员罢工后，招商局发电报到各港口，通知所属尚未启程的轮船不要返回上海，以防船上的海员加入罢工。招商局派遣一些工贼、流氓之流，分别到罢工海员中活动，造谣惑众，煽动他们不要听从海员工会的号令。他们还恶毒挑拨离间罢工海员对会长林伟民的信任，恶意中伤说什么林伟民是外地人，此番到上海来，只是为捞取个人名利，决不会全心全意为上海海员办事，等等。但其玩弄的阴谋都被海员们一一识穿，反而更加增进了海员之间的团结，同心协力地坚持斗争到底。

招商局顽固拒绝接受海员们的加薪要求，极力破坏海员罢工的行为，更加激起了海员们的愤慨和反抗，参加罢工行列的海员不断增加。由于海员们坚持罢工斗争，结果招商局所属的船只都瘫痪在江面，动弹不得。招商局码头上货物堆积如山，不能起卸。报关行所接受各业货物，如不能按日出口，将会受到重大损失，因此报关行商人叫苦连天。与此同时，招商局又不断受到货主的压力，其所承运的各庄号纷纷催促装货，声称罢工若再延续下去，各庄号就要与其他轮船公司订立装货合同。他们一再催促招商局改变态度，接受海员们所提的条件，早日解决罢工问题。

至此，招商局资本家焦头烂额，陷于困境。他们知道只有老老实实接受海员们的加薪要求，才能摆脱困境，因此不得不承认上海海员工会是代表全体上海海员的唯一机构，于8月25日邀请海员工会代表林伟民、钱孝裕、钟筱朋等人前来谈判。在林伟民等所提具体加薪条件的基础上，双方终于达成了增加工资等5项协议。

8月26日，上海海员工会在黄浦江边搭起一个舞台，举行了盛大的复工庆祝仪式。在会上，林伟民豪情满怀地回顾这次罢工斗争取得胜利的经过，号召广大海员兄弟继续加强团结，为维护海员的共同利益而继续奋斗。此时，江边各条轮船一齐升起旗帜，汽笛齐鸣。人们纷纷点燃鞭炮，敲锣打鼓，气氛十分热烈。上船复工的海员们，在群众的欢呼声中，随着轮船徐徐离开码头，开始了新的航程。

上海海员大罢工的胜利，乃是这一时期上海罢工运动的最高潮。这次历时20多天的罢工斗争之所以取得胜利，首先是由于有了以林伟民为首的上海海员工会的统一组织领导。作为上海海员工运领导人的林伟民，立场坚定，当机立断，依靠群众，处处维护工人阶级的利益，表现出卓越的领导才能和机智果敢的战斗作风，深得广大海员工人的信任与拥戴。有评论说："领导人的经验和政治素质，对工人罢工的结果如何是有很大关系的。假如8月海员罢工没有林伟民这一足智多谋有威信领袖之领导，斗争结果也可能不会有如此辉煌之胜利。"上海海员同盟罢工结束后，林伟民带领海员进一步整顿上海海员工会。同年10月2日，海员工会重新改选，深受海员拥戴的林伟民，继续当选为上海海员工会主任。

上海海员工会的成立，以及上海海员同盟罢工的胜利举行，是上海工人运动史上的重要事件。作为上述斗争活动的主要领导人林伟民，因其卓越的表现和杰出贡献，被誉为上海海员工人运动的开拓者。

第七章

中华全国总工会首届委员长

由于上海法租界当局的通缉，林伟民无法在上海进行公开活动。1922年底，他秘密离开上海，返回香港。他与苏兆征等人一道，继续带领广大香港海员为维护自身的利益而忘我工作。

1924年夏天，赤色职工国际所属运输工人国际宣传委员会，决定在苏联莫斯科召开国际运输工人大会。赤色职工国际邀请香港海员工会派代表参加大会。

香港海员工会决定派林伟民参加会议。"香港海员工会又应赤色职工国际的邀请，派了林伟民当代表出席国际运输工人大会。"

林伟民在途中差不多花了一个月时间，才抵达目的地莫斯科。此时国际运输工人大会已经散会。他虽然赶不上参加会议，但仍受到赤色职工国际的欢迎和接待。赤色职工国际安排他到莫斯科、列宁格勒以及南俄等地参观访问，沿途受到了当地工人群众的欢迎。林伟民应邀到工厂向苏联工人演讲，介绍了中国海员组织成立香港海员工会，同时举行了为谋生存反压迫的香港海员大罢工，迫使英帝国主义者低头屈服的经过，赢得了到场工人群众的热烈掌声。一位苏联老工人站起来，竖起大拇指，连声夸赞中国海员是好样的！

在苏联参观访问的过程中，林伟民目睹苏联工人群众为建设世界上第一个社会主义国家而忘我劳动的动人情景，感到十分振奋，同时激励着自己要为解除祖国同胞的深重苦难而加倍努力奋斗的决心。

林伟民在苏联期间，与旅俄中国共产党的负责人罗亦农取得联系，并与莫斯科东方大学的中国学员会面。有关资料记载："罗亦农以旅俄中国共产党负责人的身份，会见了前来参加共产国际召开的国际运输工人大会的中国海员代表林伟民。"林伟民的到来，受到了东方大学的中国学员们的热烈欢迎，他应中国学员邀请，专门作了一个关于"实行罢工、与帝国主义和反动派进行斗争问题"的报告。他谈到中国海员所受压迫的情景，后来组织工会，举行了震惊中外的香港海员大罢工，向外国轮船资本家提出加薪要求，终于迫使港英当局屈服，接受海员的条件。参加听了林伟民报告的中国学员，对他的精彩演讲一再报以热烈的掌声，同时为他的豪情壮志所感动。当年在场的黄平回忆说：他演讲时"不慌不忙，有条有理，层层深入，充分说明了中国海员的力量。他的精彩报告，博得了人们的喝彩"。

由于林伟民长期以来在反对帝国主义和外国资本主义侵略压迫的斗争中，立场坚定，勇敢无畏，处处表现出中国工人阶级的优秀品德，旅莫中共党组织经过研究，认为他完全具备一个共产党人的条件，因而委托罗亦农专门负责对林伟民进行有关马克思主义和中国共产党性质任务等方面的宣传教育。"罗亦农征求林伟民意见，是否愿意加入中国共产党。"

值得指出的是，早在 1922 年香港海员大罢工期间，林伟民已开始与中国共产党有所接触。当时刚成立不久的中国共产党对香港海员罢工给予热情关注和支持，并且帮助罢工海员在斗争中掌握正确的方向。有关资料称："（广东）全部党员及青年团员参加招待及演讲，以共产党名义散发传单三千份。"正当 2 月初港英当局悍然采取高压政策，封闭香港海员工会，并威胁罢工海员要先复工方才考虑加薪的时候，苏兆征和林伟民等领导人处于"万分的危急中"。就在这一关键时刻，中共广东支部于 2 月 9 日及时发表了《敬告罢工海员》这一重要文告，对香港海员斗争给予支持，并对罢工斗争方向给予指导。所有这些，都使林伟民不断加深了对共产党的感情，深刻感受到只有共产党才真正与工人阶级心连心，共患难；劳苦大众要砸烂身上的枷锁，谋求解放，只有在中国共产党的领导下才能实现，因而对中国共产党产生了无限敬仰之情。为此，在海员罢工期间，林伟民和苏兆征曾主动寻找和争取共产党对于自己的教育指导。苏兆征曾对此回忆说："当时到处找共产党，总找不到手。"如今，林伟民在苏联期间与罗亦农等共产党人相处，直接得到了党组织的教育，对党的认识更有所加深，因此当罗亦农征求他对加入共产党的意见时，林伟民毫不犹豫地毅然表示愿意加府的消息到莫斯科之第二日，即有數萬工人的大集會，異常讚激，決議「如果英國帝國主義實行武力感迫中國國民政府，俄國勞農政府願不惜犧牲一切的，積極的反對」。同時列甯格勒各處亦有同樣的集會和決議。我們又在各報上看見俄國各處工人農人組織「制止列強侵略中國同盟」，加入者已四十餘萬人。

我們把上面兩樁事實比較看來，工友們！ 誰是友？ 誰是敵？

我到俄國一個月的感想

偉民

現在俄國在勞農政府制度之下，施行新經濟政策向建設共產主義的鵠的進行，其距質現共產主義的時期雖然還有甚遠；但共產主義革命的第一難關已經打破了。勞農政府把鐵道，礦山，土地，航業，大的房屋，其他大商店公司，工廠等等，均收歸公有。其少數反革命的餘黨屢次施其詭謀勾結帝國資本主義者，欲恢復其原有剝削地位，已為紅匪所蕩平，而不能動搖勞農政府的地位，確是非常鞏固的。

我抵俄國東部赤塔等埠之時，見其工人示威運動的精神，對于勞農政府非常擁護，足證勞農政府的基礎。我抵莫斯科之後，到各機關，工廠，少年共產黨及童子團去參觀，適逢此日正當童子團開會，山十歲以下的小童實告「工農聯合」及「世界勞工應有聯合」的宣言；而童子做戲及跳舞等等，忽而感動了傍邊看熱鬧的小童，舞子動腳的都奔入該童子團裏面去，其父母也阻擋不住了。我想這等童子的志向，足以將其從前頑固的舊家庭制度，一定打破，該童子存一種特別的革命性，可無疑

1924年，林伟民访问苏联。图为《中国工人》第二期（1924年11月）刊载的林伟民访问苏联期间撰写的文章。

入中国共产党，并请求罗亦农当入党介绍人。黄平回忆当时的情景说："罗亦农在莫斯科介绍林伟民加入了中国共产党，使林伟民成为广东海员中最早的党员之一，也是外洋广东海员中第一个入党的工人同志。"从此，林伟民作为无产阶级先锋队的一名战士，更加自觉地为共产主义事业作毕生的奋斗。

1924年，国共正式实现第一次合作，反帝民族统一战线建立了起来。为适应革命形势发展需要，中共中央先后派遣周恩来、陈延年等到广东，担任中共广东区委领导工作。广东党的工作发展到一个新的时期，广东地区工农运动也得到长足的发展。

1924年10月底，林伟民从苏联回到香港，与苏兆征一道，积极投入到整顿香港海员工会的工作中。后因遭港英当局通缉，林伟民无法在香港公开活动，于是回到广州，担任中华海员工业联合总会广州分会主任。他针对广州海员组织工作长期处于薄弱状态，积极发动和团结工人对工会进行整顿，把工会各项组织制度逐步健全起来，并在此基础上开展运输系统的工会统一运动。

林伟民来广州工作，受到中共广东区委的重视和欢迎。中共广东区委书记陈延年将负责海员工运工作和运输系统工会统一运动的重任交付给他，同时要他参与中共广东区委领导机构的工作，主持广东区委监察工作。当年一位广东区委工作人员回忆说："1924年秋天，陈延年同志奉派来广州负责广东区委书记。这是广东党开始发展时期。那时的区委由陈延年（书记）、穆青（组织部）、张太雷（宣传部）、周恩来（军委书记）、先冯菊坡后刘尔崧（工委书记）、阮啸仙（农委书记）、蔡畅（妇委书记）、彭湃、罗绮园、杨匏安等组成。区委监委是林伟民（书记）、杨殷、梁桂华等。"中共广东区委"监委"，是中共党史上的第一个"监委"。林伟民任区委"监委"书记，是党的纪律检查工作的先驱。林伟民在开展工作的过程中，也十分关注广州工人运动的进行。他经常与广州工人代表会领导人刘尔崧等一道，研究广州工运进行的情况。同年冬天，林伟民投入支持广州盐船运输工人要求增加工资的罢工斗争，以及支持来往香港、广州之间的"西安"号轮船中国海员反抗虐待的斗争。"林伟民在广州海员工会支部当主任期间，坚决站在广州工人代表会方面，这也大大提高了工代会的威信。"

早在1922年，中国劳动组合书记部曾在广州主持召开了全国第一次劳动大会。林伟民、苏兆征等参加了大会，并在会上介绍了香港海员大罢工的经过。1925年，随着全国革命和工人运动形势的迅速发展，中国共产党决定于5月在广州领导召开全国第二次劳动大会，提出由中华海员工业联合总会、全国铁路总工会、汉冶萍总工会和广州工人代表会这四个当时最大的产业工会和地方总工会联合发起，并委托中华海员工业联合总会和广州工人代表会负责大会的筹备工作。当中国劳动组合书记部征求林伟民和苏兆征关于约请中

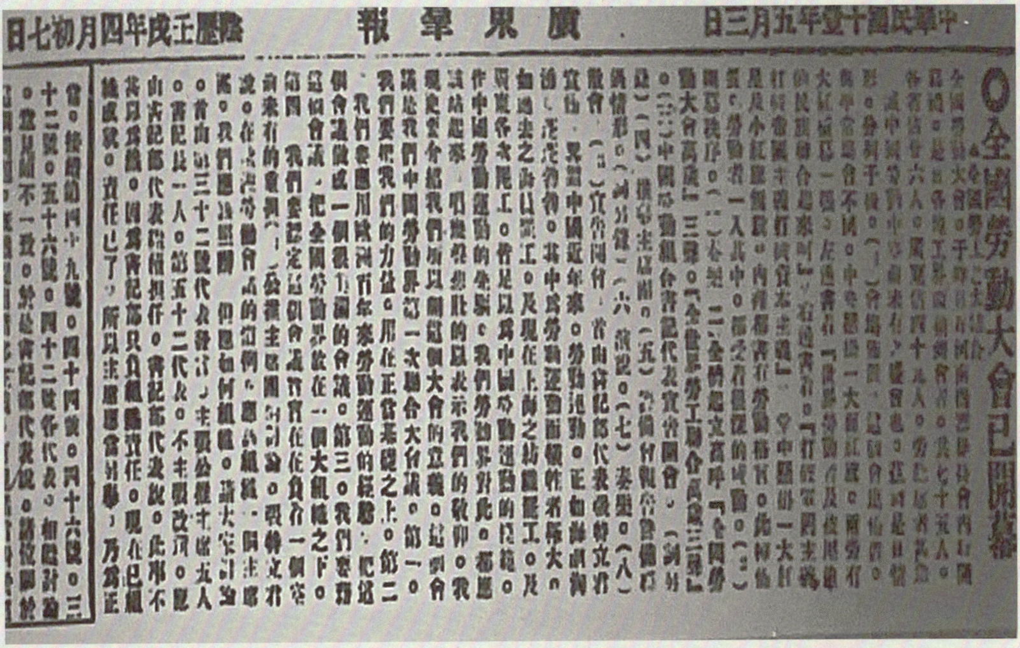
中華民國十一年五月三日 廣東羣報 陰曆壬戌年四月初七日

全國勞動大會已開幕

1922年5月3日，《广东群报》刊登的报道《全国劳动大会已开幕》，描述会场的情形。

华海员工业联合总会与全国铁路总工会等单位一道共同发起召开第二次"劳大"的意见时，他们都毫不犹豫地答应了，并且积极投入到大会的筹备工作。

大会筹备处设在广州市区东皋大道农民讲习所内。苏兆征、林伟民和刘尔嵩等不惮疲劳地积极进行各种准备工作，从解决会议召开地点、经费、联络各地工会团体以及前来参加会议的各地工会代表们的食宿交通和安全等问题，他们都作了十分具体细致的布置，并往来奔跑，全力以赴地进行工作。

苏兆征和林伟民在动员香港有关工会团体支持和参加大会的工作方面，尤其付出了很多时间和精力。他们对香港的工会领袖作了大量的思想发动工作，教育他们要摒弃帮派界限，克服个人私利，应该以工人阶级的共同利益为重，同心同德地积极支持和参加第二次"劳大"的召开。林伟民还曾专程秘密前往香港，找到香港工团总会的头头黄金源、梁子光等人，向他们作思想发动工作。邓中夏说："结果香港工团总会因海员工会之敦促（海员工会为该总会的台柱子，故黄色领袖不能不相当听从）是到会了。"

1925年5月1日，全国第二次劳动大会在广州正式举行。广东全省农民代表大会也于当天同时举行。为庆祝两个大会的召开和纪念五一国际劳动节，两个会议的全体代表与广州工人、四郊农民和黄埔军校学员、青年军人联合会、铁甲车队等军队方面，以及广州各阶层群众共10万人，共同

1925年5月，在林伟民等主持下，全国第二次劳动大会于广州召开。会上林伟民被选为全国总工会第一届委员长。图为大会会场。

举行了规模盛大的庆祝活动。

在庆祝大会上，林伟民作为劳动大会的代表在台上发表演讲。他论述了广州工农兵群众联合举行纪念劳动节的重要意义，指出我们打倒帝国主义和封建军阀、争取民族解放的目标仍很艰巨，任重道远。俄国工人农民推翻了资产阶级的反动统治，建立了自己当家作主的新社会，乃是我们的榜样。他强调说，"我们今天纪念劳动节，就要加强我们工农兵的大联合，为打倒帝国主义、打倒军阀，为民族解放而共同斗争；与此同时，我们还要加强与世界上各被压迫民族的联合，为争取早日实现民族解放的伟大目标而共同奋斗"。当时报纸报道说：劳动大会代表林伟民发表演讲，略谓"我们虽然（举行）纪念，但还没有成功。今天只有俄国革命成功了。我们要与世界工农及被压迫的人民共同一致奋斗。只有这样才能达到目的，得到解放"。5月2日，全国第二次"劳大"和广东全省农民代表大会于广东大学礼堂联合举行开幕仪式。3日，两个会议各自分别活动。"劳大"在广东省教育会礼堂继续开会。大会期间，林伟民还代表中华海员工业联合总会作了关于香港海员工会问题的报告。报载："在第二天日程中，海员工会代表林伟民报告海员总工会自组织成立以来至现在的经过情形，均甚详尽。"

会议期间，林伟民与出席会议的代表们共同回顾了近年来国内革命形势的发展和工人运动的曲折进程，互相介绍各地职工运动开展的情况及其经验教训，并热烈讨论当前共同关心的问题，如工人阶级应如何积极参加政治斗争和民族革命，如何正确对待经济斗争，如何加强工农联合以及密切自己的阶级组织，成立中国工人阶级的总指挥部——中华全国总工会，等等。大会筹备期间，林伟民和苏兆征曾参加过一些决议案的草拟和制订工作。会上，林伟民、苏兆征与代表们一道，对筹备处提交的各项决议案进行热烈讨论，最后付表决通过。例如大会代表认真讨论并通过的《工人阶级与政治斗争的决议案》中，阐明了工人运动与国民革命的关系，以及工人阶级在其中的地位问题。《决议案》明确指出："工人阶级必须作政治斗争"，工人阶级斗争的目标，"是要推翻帝国主义，打倒军阀，实现民族解放，促进世界革命"。

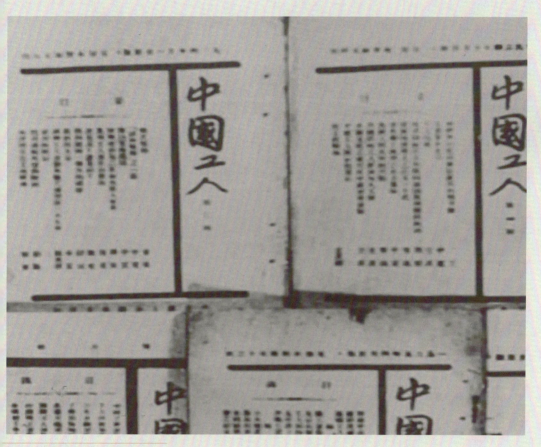

中华全国总工会机关刊——《中国工人》

中華全國總工會成立後之進行

中華全國總工會、業已成立、經選出執行委員卅五人、林偉民、劉少奇、鄧培、李森、劉文松、鄧中夏、項英、李立三、李森、劉少奇、劉華、孫雲鵬、施卜、呂宗堯、何松企、李秋、徐林甲、李啟漢、鄧中夏、李啟漢、李立三、彭漢垣、劉相林、仇西鑒、孫雲鵬、劉俊才、鉐伯闓、伍成之、高務炳、劉俊才、劉瑞、常超公、於五、道靜戴、常超公執行委員、於五、月七、開會、次執行委員付以一

……

此進林偉民等為正執行委員長、劉少奇鄧培等為副委員長、並組設秘書處、內分四組織、組織民衆作、組織師、宣傳部主作李森、秘書部主作鄧中夏、經濟部主任於孫雲卿、各部以部務之繁簡、推舉幹部若干人辦理行務、其人選則由各部決定、至於總工會之府所、並在不當我省廣大之展展、以為辦事法、

邓中夏（左）和黄日葵

在各阶级共同参加的民族民主革命中，"非得工业的无产阶级参加，并取得领导地位，提携着广大的农民群众进行，是不能成功的"。

苏兆征和林伟民在多年的斗争实践过程中，深感包括香港在内的广东工人运动进行的过程中存在不少问题，特别是工人群众之间和工会组织之间的团结和统一问题尤为突出。例如香港工会派系诸多，各立门户，各行其道，大大分散了工人阶级的力量，影响了团结，无法有效地团结一致地共同斗争。为此，他们主持草拟了关于香港问题和广东问题的决议案，交付大会代表们讨论通过。

全体代表最为关心的就是如何建立中国工人阶级自己的总指挥部的问题。会上经过热烈的讨论，通过了《中华全国

李森

总工会总章》。按照这个章程的规定，大会最后选举了中华全国总工会执行委员25人组成执行委员会。他们是：林伟民、苏兆征、戴卓民、邓培、邓中夏、刘少奇、李森、谭影竹、刘和森、曾西盛、刘公素、梁桂华、吕棠、何耀全、李铃、郑泽生、孙良惠、李成（即李立三）、袁告成、高秀炳、刘俊才（即刘子久）、钟伯兰、赵悟尘、孙云鹏等。

5月7日，全体执行委员召开第一次会议，选举了林伟民为执行委员长，刘少奇、邓培、郑泽生为副执行委员长，林伟民兼干事局总干事，李森为组织部主任，戴卓民为秘书部主任，邓中夏为宣传部主任，孙云鹏为经济部主任。办公处设在广州。共产党在全国总工会内设中共党团，邓中夏任书记。邓中夏回忆说："大会以后，执行委员会开会，推举林伟民为正委员长，刘少奇、刘文松为副委员长，邓中夏为秘书长兼宣传部长，李森为组织部长，孙云鹏为经济部长。总会设于广州，再于上海设办事处。"

中华全国总工会的诞生，标志着全国工人阶级在中国共产党领导下，经过四年来的英勇斗争和流血牺牲，不为帝国主义和军阀当局的屠杀、镇压所屈服，战胜了国民党右派和各种反动势力的捣乱和破坏，正式实现了全国工会在政治上和组织上的团结与统一，揭开了中国工人运动的新篇章。林伟民是一位老海员，香港大罢工和上海海员大罢工的主要领导人，无产阶级事业的忠诚战士。他在反对帝国主义、外国资本主义和民族解放斗争中，经受考验，立场坚定，表现杰

中华全国总工会在广州的旧址

出，在广大工人群众中享有崇高威望。这次在"劳大"中被一致选为中华全国总工会首届委员长，可谓众望所归。这样，林伟民从一名海员工人成长为全国工人所拥戴的工人运动领袖了。

第八章

组织领导省港大罢工

全国第二次"劳大"结束后不久，担任常务副执行委员长职务的刘少奇离开广州北上工作，林伟民与其他同志一起，主持全国总工会的工作。黄平回忆说："大会后刘少奇北上。林伟民、邓中夏、李森主持全总工作。"

中共"四大"和全国第二次"劳大"的相继召开，大大鼓舞了全国工人阶级的革命志气，促进了全国反帝和工人运动的发展，预示着大革命高潮的即将到来。对于中国人民日益高涨的反帝革命潮流，帝国主义者十分不安和仇视，悍然制造了疯狂屠杀中国人民的骇人听闻的"五卅惨案"。

上海"五卅惨案"和上海人民反帝斗争的消息，很快就传到广东。5 月 31 日晚，中共广东区委召开会议，就如何迅速组织发动各阶层人民群众投入反帝斗争等问题进行了讨论，决定于 6 月 2 日举行一次大规模的示威游行活动。林伟民出席了会议，支持以中华全国总工会、广州工人代表会、广东农民协会、广州市商民协会、广州市学联和中国青年军人联合会等 6 大团体作为"发起单位"，分别动员各系统的人民群众投入反帝运动之中。6 月 2 日，广州 80 多个群众

位于广州东堤东园的省港罢工委员会旧址。林伟民代表中华全国总工会参加
省港罢工委员会的领导工作。

团体共 1 万多人参加了示威大会。林伟民与中华全国总工会其他领导人都出席了大会和示威游行活动。

6 月上旬，广州发生了滇系军阀杨希闵、桂系军阀刘震寰联合发动军事叛乱，企图推翻广东革命政府的反革命事件。在广州工人和各阶层人民的大力支持下，杨刘叛乱迅速被平定。在此期间，中共广东区委继续讨论研究如何进一步开展反帝运动的问题。作为广东区委领导成员之一的林伟民参加了会议，与其他领导人共同研究和作出部署。邓中夏在会上"正式提出了发动省港罢工问题"。经研究，广东区委决定派邓中夏等人前往香港，与正在香港的苏兆征、黄平等人一道，发动工人群众进行反帝罢工斗争。为对香港方面的工作加强领导，广东区委"指定黄平、中夏、杨殷、兆征、匏安 5 人组织党团为指挥机关"。与此同时，中共广东区委还决定发动广州沙面洋务工人起来罢工，与香港方面的斗争

省港大罢工时的照片（从右至左）：杨匏安、陈延年、刘尔嵩、冯菊坡。

相呼应。为加强领导，广东区委亦"指定（冯）菊坡、（刘）尔嵩、施卜、李森、（林）伟民、（陈）延年6人组织党团，以李森同志为书记"。苏兆征和林伟民作为罢工的主要领导人，全力以赴地带领广大工人群众投入即将举行的省港罢工斗争之中。

广东区委吸取了早年香港海员罢工的经验，决定香港工人罢工后，及时撤回广州，以广州为阵地，成立领导罢工的机构，带领罢工工人坚持反对帝国主义的斗争。为此，在（广州）党团统一领导下，由冯菊坡、刘尔嵩等负责发动沙面洋务工人参加罢工斗争；林伟民和李森等人则负责筹备罢工前的各项准备工作，以解决罢工实现后，罢工工人回到广州时的衣食住行及罢工经费等问题。随着斗争形势的发展，中华全国总工会和中共广东区委决定在中华全国总工会之下，成立一个公开性的省港罢工委员会临时办事处，以便更加切实、具体地做好罢工前的各项准备。办事处由林伟民和李森负责。有关资料称："我们党团立即决定全国总工会之下组织一公开的省港罢工委员会（临时办事处）"；"委员会中李森、林伟民二同志参加，伟民为委员长"；"6月13日，中华全国总工会省港罢工委员会临时办事处成立，党派林伟民、李森、冯菊坡、刘尔嵩同志主持工作"。

林伟民和李森经常去找国民党左派领袖廖仲恺等人，请求国民党对省港罢工给予经济等方面的援助。他们得到了廖仲恺和广东当局的大力支持，征用了市内一批烟馆、赌馆以

中国青年运动先驱刘尔嵩

及一些空房等地方，作为安置日后回到广州参加罢工的工人的宿舍，并迅速筹集到一笔经费，购置了大批粮食及其他生活用品，以供罢工工人使用。

在香港方面，邓中夏、苏兆征等全力以赴地组织发动工人群众参加罢工斗争。当香港方面发动工作取得很大进展时，在（广州）党团的领导下，沙面方面的组织发动工作也同时进行。沙面洋务工人"多数极表同情"，表示听从中华全国总工会的指挥，香港方面何时罢工，"他们也就同时行动"。

1925 年 6 月 19 日，香港海员首先宣布举行反帝罢工斗争。接着，香港各行业的工会团体也相继宣布罢工。广州方面，在（广州）党团组织领导下，沙面洋务工人也纷纷行动。沙面各工会代表于 6 月 20 日举行会议，决定于 21 日举

1926年省港大罢工期间，香港有13万罢工工人及工属回到广州。其中妇女达1.3万人。图为草鞋厂女工在游行罢工。

1925年6月23日，为声援上海人民"五卅"运动
而进行罢工的香港、广州工人的游行队伍。

行总罢工。这样，一场震惊中外的规模巨大的反抗帝国主义侵略压迫的政治罢工斗争，犹如火山一样，轰然爆发了。

省港罢工爆发后，香港罢工工人陆续离开香港到广州，以广州为阵地，坚持罢工斗争。沙面罢工工人也相继离开沙面，撤回市区。罢工工人到广州后，受到了广州各阶层人民群众的热烈欢迎和接待。罢工酝酿期间成立的以林伟民、李森为领导人的省港罢工委员会临时办事处与广东各界对外协会等单位一起，做了大量的准备和接待工作。林伟民和李森等领导人经常跑到罢工工人住地，亲切地进行慰问，嘘寒问暖，并一再叮嘱有关工作人员要妥善安排好罢工工人的生活起居等问题。据统计，至 7 月 7 日止，离开香港的罢工工人已超过 20 万人，其中除部分返回广东各地农村外，先后返抵广州的共 10 万多人，经常聚居广州的则达 7 万多人。

6 月 23 日，各界群众 5 万多人在广州市区东较场集会，声讨帝国主义者屠杀中国人民的罪行。林伟民和全国总工会其他领导人也参加了大会。大会结束后，群众进行示威游行。当游行队伍行进至沙面对面的沙基地方时，早已埋伏在沙面西桥的英国军队突然向游行队伍开枪扫射。停泊在沙面附近白鹅潭一带的英、法、葡萄牙等国军舰亦同时开火，弹如雨下，游行群众猝不及防，"斯时死伤者已纷纷倒堕于街中，血肉横飞，惨不忍睹"。共死 52 人，伤 117 人。这就是骇人听闻的"沙基惨案"。帝国主义者继在上海制造"五卅惨案"之后，在广州又一次对中国人民实行血腥大屠杀，这

1925年，当时的广东革命政府在今人民桥东侧的珠江河畔，竖立了刻有"毋忘此日"的石碑，纪念"沙基惨案"的烈士。

就更加激起了广东人民和全国人民的无比愤慨。以林伟民为首的中华全国总工会以及各群众团体纷纷发表声明、宣言和通电，严厉声讨帝国主义者侵略中国和屠杀中国人民的罪行。广大罢工工人决心坚持斗争，给予英帝国主义以坚决的回击。

罢工伊始，罢工领导人苏兆征、林伟民、邓中夏和李森等面临着一个形势错综复杂、斗争险恶的局面。除了要紧密的。

省港罷工消息

省港罷工委員會正式成立後第一次會議

省港罷工委員會委員已正式選出，（曾見本報）現該委員於昨三日正午十二時假全國總工會開第一次會議。到者有中華全國總工會代表李森、廣州洋務罷工委員會曾子嚴黎福鳴梁德禮陳瓊楠香港洋務罷工聯合會麥捷成僑港煤炭工會陳錦泉僑港車衣工會張錫三海員工會蘇兆徵（源永坦代）香港電車工會何燿全同德工會李不樂工會麥揚波共十三人推舉林偉民為臨時主席，宣佈開會後（一）由主席介紹各委員相識。（二）全國總工會代表李森致開會辭：

「兄弟於省港罷工委員會正式成

省港罷工委員会正式成立后，由林伟民主持召开第一次会议。这是当时报纸的有关报道。

省港罢工委员会部分代表的合影。

团结组织广大罢工工人同仇敌忾地对付英帝国主义及各种反动势力对于省港罢工的破坏外，又要尽心竭力地妥善安排好相继赶回广州的罢工工人的食宿等生活问题以及罢工队伍内部出现的各种实际问题，统一反帝斗争的认识和步伐，制定罢工斗争的策略和措施，保证有效地进行反帝罢工斗争。他们凭着过去革命斗争的实践经验，深感当前的首要大事，就是必须迅速建立起一个具有权威性的、坚强而又健全的组织机构。经过苏兆征、林伟民和李森等领导人的努力，作为罢工斗争的指挥部省港罢工委员会于7月初成立。省港罢工委员会全称"中华全国总工会省港罢工委员会"，表明它是中国共产党通过中华全国总工会领导的反帝政治罢工斗争的革命群众组织。省港罢工委员会由13名委员组成，即曾子严、黎福畴、梁德礼、陈瑞楠（代表沙面方面罢工工会团体）、

省港罢工工人纠察队训育长邓中夏（中穿大衣者）与教官们

苏兆征、何耀全、麦捷成、陈锦泉、张锡三、李堂、麦扬波（代表香港方面罢工工会团体）、林伟民、李森（代表全国总工会）。中华全国总工会委员长林伟民、中华全国总工会组织部长李森参加省港罢工委员会，正是中华全国总工会领导省港罢工委员会反帝罢工斗争进行的具体体现。

为了加强中国共产党对于罢工斗争的领导，中共广东区委决定在罢工委员会中成立中国共产党党团委员会，作为罢工斗争的领导核心。初时，"指定冯菊坡、刘尔崧、施卜、林伟民、李森、陈延年等六人组织党团，以李森为书记；邓中夏、黄平、苏兆征等先后由港返省，我们党团亦随之扩大。每晚开会一次，所有一切进行策略，皆取决于此"。黄平回忆说："在罢工党团会议上，我经常遇见林伟民同志。他和邓中夏同志的意见是完全一致的。我从来没有看见他们之间有意见分歧。"

7月3日，省港罢工委员会正式成立。林伟民以中华全国总工会委员长身份，主持了罢工委员会第一次会议。会议选举罢工委员长和副委员长、财政委员会委员长，还选举罢工委员会干事局局长等人。到会代表一致推举苏兆征担任罢工委员会委员长。罢工委员会下设一个财政委员会，选举苏兆征兼任财政委员会委员长。罢工委员会下面，还设置了干事局等一系列机构。全国总工会组织部长李森担任干事局局长职务。

罢工初期，由于斗争形势错综复杂，斗争经验不足，为

省港罢工期间，工会组织的海员纠察队在珠江巡逻。

了反击香港英帝国主义对广州的封锁，罢工领导人曾经提出"反对一切帝国主义"的口号，宣布对各帝国主义国家实行全面反对和抵制的政策。随着斗争形势的变化，邓中夏、苏兆征、李森和林伟民等罢工领导人决定改变全面抵制的办法，把"反对一切帝国主义"的口号改变为集中力量打击主要敌人英帝国主义，提出一个既能继续有效地封锁香港，又能同时促进广东经济发展的斗争策略，确定了"凡不是英国货、英国船及经过香港者，可准其直来广州"的"单独对英"的原则，这成为省港罢工期间所实行的"中心策略"。这一策略的实施，很快就取得很大成效，给予英帝国主义者以沉重打击。

罢工期间，林伟民十分关心罢工委员会的有关工作，主动配合有关方面开展工作。罢工开始，罢工委员会及时组织成立了罢工工人纠察队，林伟民经常配合他们对纠察队员进行思想教育。他与一些纠察队员进行谈心的过程中，指出纠察队工作的重要意义是打击帝国主义和反动势力、捍卫罢工工人的利益，鼓励他们一定要忠实于自己的岗位。罢工期间，广东当局与省港罢工委员会联系，动员罢工工人参加修筑黄埔公路。省港罢工委员会委派林伟民为代表，与广东建设厅共同讨论和制订修筑黄埔公路的计划和进行办法，决定共同成立一个黄埔筑路委员会，专门负责这一工程的进行。林伟民十分重视罢工工人的宣传教育和学习培训等问题，提议并敦促罢委会宣传教育委员会开办了一批罢工工人宣传学校、劳动妇女学校以及罢工工人子弟学校等，分别吸收罢工青年男女工人和罢工工人子弟参加学习和培训。

苏兆征、林伟民等罢工领导人结合当年香港海员罢工的经验教训，从这次罢工一开始，就预料到这场反帝斗争将是一场旷日持久的斗争，因此认为对各项工作都必须作长期打算，未雨绸缪。苏兆征、林伟民和李森等罢工领导人在天气相当炎热的时候，便认为要及早为罢工工人准备好冬天的御寒衣服被盖等物，以保证罢工工人能吃饱穿暖，安心参加反帝斗争。为此，他们分头与广东政府和有关商家联系，及时筹措经费，向有关方面招标订制棉衣被盖等物。当冬天到了，天气转冷了，罢工工人们都及时领到了御寒棉衣和棉被，感到十分温暖。大家亲切地称这些棉衣为"万岁衣"。林伟民还经常到各罢工工人宿舍巡视，发现问题就及时处理解决。如有些房子雨天时漏水，把罢工工人的床铺弄湿了，工人无法安睡。林伟民发现后，立即吩咐请人前来检修。他还叮嘱罢工工友要注意保持宿舍的清洁卫生，每天都要有人轮值负责打扫地方，清除垃圾，使宿舍经常保持整洁。

平日，林伟民经常深入到罢工工人当中，嘘寒问暖，关心他们的生活工作等情况，及时为工友们排忧解难，解决存在的问题。他性情坦率直爽，待人热情诚恳，作风干脆利落，与工友们打成一片，深得工友们的拥戴，有事情就找他反映解决。当年一位参加过省港罢工的年轻海员回忆说："苏兆征同志和林伟民同志一样，对我关怀很大。他们待我

罢工工人在工人中医院门口合影

如同长辈关心小孩一样，关心我，教育我，常常鼓励我说：'干革命就不要怕错；要先干、大胆干、干出成绩来；错了不要紧，错了就改。'又说：'人要挨得苦，干出来再说。'这样我就学着他们，大胆干工作。"

有一次，有一位妇女拖儿带女从香港回到广州，丈夫因事没能到车站接她们。她人生路不熟，不知道罢工委员会在哪里办公，急得站在马路旁边哭了起来。林伟民外出办事，正好看见了，向她问明情况后，立即带他们到接待罢工工人的办公地方，一面帮她办理手续，一面设法通知她丈夫赶来，妥善安排好他们的食宿问题。那位妇女当时并不知道他就是鼎鼎有名的全国总工会委员长林伟民；待林伟民离开后向办事人员打听，才知道他的姓名，心里十分感激，一直铭记在心。后来她听说林伟民病倒了，就时常到医院或家里探望，还主动帮他料理家务。

中国工人运动的伟大先驱林伟民同志铜像揭幕仪式

第九章

战斗不息

　　早在林伟民在苏联期间，就已发现腿部患有骨瘤。当时医生建议他留医动手术，但他一心惦记着祖国的革命事业，因而婉转谢绝了医生的建议，动身返回祖国。回国两年来，繁忙的工作，紧张的战斗，使林伟民的骨瘤恶性发作，于1925年8月被送到医院治疗。由于病情较严重，医生给他动了一次手术。他在医院虽然不能下床走动，但仍念念不忘省港罢工斗争的进行，向前来探病的同志详细了解当前斗争进行的情况，并且尽力为罢工斗争多做些力所能及的工作。

　　就在林伟民患病在医院动手术期间，1925年8月20日，国民党左派领袖、省港罢工委员会顾问廖仲恺遭国民党右派势力暗杀身亡。噩耗传来，林伟民、苏兆征等罢工领导人十分震惊和悲痛。林伟民早年当海员时，对于廖仲恺一贯忠实地跟随孙中山从事反清革命活动，及其在反清革命事业中的英勇表现，已有所闻，因此对廖仲恺十分敬仰。省港罢工期间，林伟民、苏兆征和李森等罢工领导人经常上门找廖仲恺，寻求他和国民党对于省港罢工的支持。廖仲恺总是十分热情并态度鲜明地从政治、经济各方面给予巨大的支持与援

痛悼廖仲凱先生

林偉民

廿日在中央黨部被反革命派暗殺的廖仲凱先生，已定今日出殯沙河，長與吾人相別矣！一坯黃土，將永埋先生之靈軀，嗚呼！吾國革命之領袖，吾工農階級的良友！

證之歷史，革命事業常為鮮血所換成。有革命派之履行歷史的使命，必有反革命派發生以阻礙社會之進化，於是吾僑先烈，乃犧牲其精神熱血以開關前途，此仆彼興，鮮紅血色洗盡黑暗之地，嶙嶙白骨填滿坎壞之區，使黑暗者為光明，崎嶇者為坦途，此吾人之所願，而先生所已先吾僑以行者也！

嗚呼！自先生之去，國民革命失其中心，無產階級失其良友，而帝國主義之兇燄正繼長增高，反革命派亦盡露其毒謀，艱難困苦之境吾僑實當之。緬先生之不昔，追遺訓於黎聆，敢不繼承先生之志盡胸結民眾以打倒帝國主義，使我全民族得到解放出耶？

先生雖死，而先生之精神，已悉注於全民眾之心坎，帝國主義不打倒，民族一天不得解放，先生之精神將永隨吾民眾反帝國主義之運動而擴大，此吾僑所敢斷言者。余臥病醫院條將一月，得先生惡耗悲憤難已，懷念時事，及外，可想而又安可以無言？

1925年8月20日，国民党左派廖仲恺不幸遭国民党右派暗杀。林伟民特此撰写题为《痛悼廖仲恺先生》一文。

助。廖仲恺真诚支持工人阶级正义斗争的伟大人格，令林伟民十分敬佩和感动。廖仲恺逝世后，林伟民在医院里沉痛地追思自己与廖仲恺之间的交往和建立的珍贵情谊，抱病撰写了一篇感人肺腑的题为《痛悼廖仲恺先生》的文章。文章说："先生虽死，而先生之精神，已悉注于全民众之心坎。帝国主义不打倒，民族一天不得解放，先生之精神将永随吾民众反帝国主义之运动而扩大，此吾侪所敢断言者。余卧病医院倏将一月，得先生噩耗悲愤难已，抚念时事，又安可以无言？"

林伟民在长期的革命实践中，深感工人之间和工会之间团结统一的重要意义，认为只有搞好广东地区工会的统一运动，才能坚强和健全工人阶级的队伍，发挥反帝革命斗争的力量，促进工人运动的健康发展。为此，在全国第二次"劳大"召开期间，他与苏兆征共同提出并主持草拟了《香港问题决议案》及《广东问题决议案》，把加强工人团结、进行工会统一运动的问题提到工作日程上来。正当他们积极部署开展工会统一运动时，林伟民却不幸病倒，被送到医院动手术。但他在医院治病期间，仍念念不忘工会统一运动进行的情况。每当苏兆征等领导人以及各工会有关人员前来探望林伟民时，他总是详细了解工会统一运动的情况，并结合自己的经验和体会，发表意见和建议。他诚恳地勉励各工会要以大局为重，团结一致，不要存丝毫自私之心，务使工会统一运动顺利进行，达到预期目的。

實際的經驗與教訓

林偉民

兄弟雖在病中，據全國總工會同人常將香港工會統一運動情形相告，須吾力疾發表意見，其實一切進行計劃皆有兄弟之意見在其中。本可無庸獨再說之必要，惟有一點實際經驗與教訓，不妨多說一番，以堅各工會領袖之信念。

民國十一年海員大罷工，兄弟為主持者之一，事前經過許多之奔走籌備，事發又經過許多之努力奮鬥，結果資本帝國主義者不能不屈服，與我等訂立條約，我們勝利了。但是，事後如何呢？條約成為廢紙，犧牲等於空廢。然而我們何以不能強資本帝國主義者以實行？即我等力量之不足也。何以不足？即我等工會組織之不堅固也。資本帝國主義者看清我等此一弱點，故群然不顧，冷然遇之，我等亦無可如何，飲氣吞聲，以至今日。嗚呼：權利須取，尤其須以力守，假使無力，萬事皆不能為也。

林伟民在领导工人运动的过程中，十分重视总结工运斗争的经验教训等问题。1925年12月，林伟民在《工人之路》上公开发表题为《实际的经验与教训》的文章。

林伟民结合自己过去斗争实践中的经验教训，在医院抱病撰写了一篇题为《实际的经验与教训》的文章，送交苏兆征和其他有关工会同志们参考。

文章说："此次（省港）罢工胜利解决有期。我罢工工友一致促成香港工会统一之进行，诚可喜也。诚能以海员罢工胜而复败之往事为鉴也。兄弟虽病卧在床，闻之亦甚为欢欣不已者也。望各工会不存丝毫自私之心，务期达到目的，是所厚望焉！"

1926 年 1 月 5 日，在苏兆征主持下，香港、广州、汕头和上海等地 120 多名海员工人代表于广州召开了全国海员第一次代表大会。林伟民是大会代表之一，他表示要出席大会，趁此机会与各地海员代表会面，互相交流情况和斗争经验教训。但苏兆征等人怕他劳累，行走又不便，所以劝阻他不要参加。他只好委托苏兆征代向大会代表们致意，并衷心祝愿大会开得成功。大会决议成立全国海员的领导机构。经过代表们的充分酝酿与无记名投票，选举了苏兆征、林伟民、朱宝庭、何来、陈权等 15 人为全国海员总工会执行委员会委员，苏兆征担任执委会委员长兼文书部主任，林伟民担任宣传部主任，兼主编海员总工会刊物《中国海员》。出席大会的全体代表对林伟民长期带领广大海员工人进行反对帝国主义、为维护海员工人的利益而不辞辛劳，以至积劳成疾，表示衷心的敬意和慰问。

1925 年 5 月召开全国第二次"劳大"以来，国内形势发

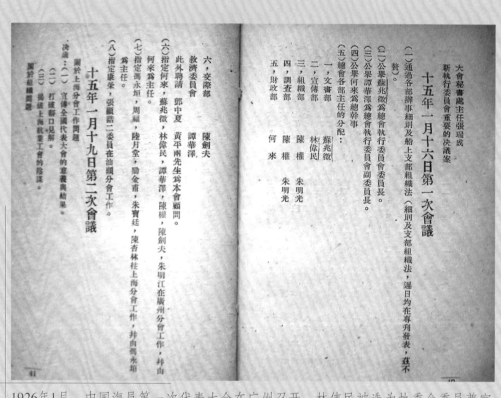

大會秘書處主任張瑞成

新執行委員會重要的決議案

十五年一月十六日第一次會議

（一）通過各部辦事細則及船上支部組織法（細則及支部組織法，逐日均在專刊發表，茲不贅）。

（二）公舉蘇兆徵為總會執行委員會委員長。

（三）公舉譚華澤為總會執行委員會副委員長。

（四）公舉何來為總幹事

（五）公舉總會各部主任的分配：

一，文審部　蘇兆徵

二，宣傳部　林偉民

三，組織部　陳權　朱明光

四，調查部　陳樞　朱明光

五，財政部

何來

六，交際部　陳劍夫

救濟委員會　譚華澤

此外聘請　鄧中夏　黃平兩先生為本會顧問。

（六）指定何來，蘇兆徵，林偉民，譚華澤，陳樞，陳劍夫，朱明江在廣州分會工作，並由何來為主任。

（七）指定馮永垣，周嗣，陸月室，勵金甫，朱寶廷，陳杏林柱上海分會工作，並由馮永垣為主任。

（八）指定康榮，張顯誥二委員在汕頭分會工作。

十五年一月十九日第二次會議

關於上海分會工作問題

決議：（一）宣傳全國代表大會的意義與結果。

（二）打破藉口見解。

（三）揭破上海航業工會的陰謀。

關於組織問題

1926年1月，中国海员第一次代表大会在广州召开。林伟民被选为执委会委员兼宣传部主任。图为刊载在《中国海员》第四期的会议记录。

生了巨大变化。在国共合作的统一战线旗帜下进行的国民革命运动，有了很大发展。工人运动方面，也同样有所发展。有关历史文件论述说："在这一年中，杨刘战争，五卅运动，省港罢工，反奉罢工，工人阶级无不为其中心势力，居于领导地位，这是以前所没有的。"但是，这就"更引起帝国主义及其走狗之意外恐慌与刻骨嫉忌，乃决心联合向我们工人阶级加以猛烈的攻击与压迫"。在此局势下，"一方面固然是审核工人阶级既往的奋斗成绩，一方面又是确定工人阶级此后的奋斗方针"，当时正在广州工作的全国总工会领导人邓中夏、苏兆征和李森等认为及时召开第三次"劳大"是很有必要的。他们前往医院看望林伟民时，将此打算征求他的意见。林伟民当场表示完全同意，并对大会议程及如何进行等问题，谈了自己的一些意见。他考虑自己卧病在医院，无法照顾全总的工作，于是提出请刘少奇代理全国总工

1926年5月1日，为总结五卅运动以来工人运动的经验和制定今后的斗争策略，全国第三次劳动大会在广州国民党中央党部召开。图为参会代表列队进入会场。

会委员长职务。大家表示同意，随即电请刘少奇早日南下广州主持全国总工会执委会工作。

1926 年 5 月 1 日，全国第三次"劳大"于广州举行。林伟民因病不能出席大会。但很多来自各地的代表都惦念着林伟民的病情，对他长期以来坚持领导反帝斗争与为工人阶级的利益而忘我奋斗的精神，以及对中国工人运动作出的杰出贡献表示十分敬佩。报载，会议期间，"大会秘书长提议：中华全国总工会委员长林伟民因努力反帝国主义，帮助罢工工友，劳心过度，获病至今，尚未痊愈。昨已致信本大会请派四人前往慰问"。还有不少代表利用会议休息期间到医院，向林伟民亲切慰问并表达衷心的敬意。林伟民也通过前来探望自己的代表，及时了解到有关会议情况，并托来人代为转达对会议的建议和祈望，同时对大会所取得的成绩表示欣慰。

大会最后的一项议程，乃是改选全国总工会的执委会。林伟民虽然没有出席大会，但代表们依然对他表示衷心的拥戴，热诚选举他和苏兆征、刘少奇、邓中夏、李森、李立三、邓培和王荷波等 35 人组成新一届的执委会。林伟民的亲密战友苏兆征当选为执委会委员长，刘少奇为秘书部长，李立三为组织部长，邓中夏为宣传部长。

同年夏天，林伟民的病情恶化，罢工委员会将他转送到另一家医院，做了第二次手术。这次手术比较成功，情况有所好转，能够扶着拐杖行走。他为了减轻组织的经济负担，坚持返回家里休养。

口勞動大會第十七次會議

選出林偉民等卅五人為下屆執行委員

○○○○

昨十二日下午二時……開第十七次會議之期、到會代表二百五十五人、勞鳴……

……務委員七人、增加二人、改為九人、（二）李立三同志告報、（二）對於上海總工會聯決案、發生數種意見、諸大會付表決、原文通過、（二）……國民政府高等顧問鮑羅庭同志報告、國民黨中央委員譚平山同志報告……

……為李立三……主席團……

1926年5月，全国第三次劳动大会于广州举行。林伟民被选为全国总工会执行委员。这是《广州民国日报》的有关报道。

工人之路特號

世界地位，(三)赤色國際大會，對中國工人之決議案，(四)農民國際的情形，此外拜指明帝國主義個土豪破壞工人組織之陰謀其罪客如下(一)凡各工廠與某一硬職業當中限令工人僅可組織個工人，而且不能聯絡其他工會而妨害工人勢力集中，(二)資本家教給工人以地方主義與民族主義，使各地工人不相聯絡而互相打毀，別工人，若工程上錢多少以識之，(三)利用工程上錢多少者則收買之，(四)資本家時介其走狗職員混合工人組織中，以弄亂之，若其中有奮鬥工人份子，則開除之，并助諸代表謂今日......

中國以完成國民革命案通過，(7)秘書長提議中華全國總工會委員長林偉民因努力反帝國主義幫助龍工工友勞心過度，得病至今，尚未痊愈，昨已致信本大會請派四人慰問案，後由代表孫良惠張漢溥提議，大會津貼林委員長醫藥費及送食物等，全案通過，派代表參獲病至今......「五四」紀念案通過議至五句鐘時候農民代表因威大農科學生開歡迎會已先退出會堨後又由主席提出討論審查代表資格委員會之審查條例全體通過，議至六句鐘許始散會云。

(丁農兵大聯合議案)大會聽了蔣介石先生工農兵大聯合的報告之後議決如下......過去一年的革命經聽告訴我們，軍隊不與......

林伟民患病住医院期间，第三次劳动大会委派代表前往慰问。这是当时报纸的有关报道。

1927 年 3 月底，苏兆征离开广州北上武汉工作。临行前，他赶往林伟民家中，向他介绍了当前国内局面正面临着急剧变化的形势，叮嘱他要多加小心，注意安全；同时把同志们捐助的一些钱交给他使用。林伟民感谢大家对自己的关怀，沉着地表示自己对此并不害怕；同时向苏兆征建议是否将海员工会的全部存款和重要文件等及时安全转移好，以免日后落入反动分子手中。果然，4 月 12 日，蒋介石集团在上海制造了反革命政变；不久，广东反动当局亦紧随蒋介石之后，在广东制造了"四一五"反革命政变，四处疯狂搜捕共产党人和革命工农骨干分子。

由于林伟民在家中医疗条件所限，护理又有困难，结果不久病情又发作了，只好于 4 月间又送往医院做了第三次手术。为了避免敌人的迫害，他住医院时改名为"林齐卿"，伪装成一名从乡下出来的病人。同志们都十分担心他的安全，为他的处境着急，但他镇静地说："我病后已多时不露面了，敌人可能不知道我的情况。要是敌人向我下毒手，我也不怕。我要跟他们拼一场！"

此时，党组织已无法从经济上接济他了。许多广州盐船工人纷纷捐款维持他的药费和生活费用；遇有什么风吹草动，就千方百计地保护他的安全。盐船工人对林伟民说：过去我们长期受到老板们和当局的盘剥压制，多次要求加薪都给镇压了；幸好得到你带领我们进行斗争，我们才有扬眉吐气的时候，对此我们是永远不会忘记的。今天你的困难，就是我们盐船工友的困难，你的事情我们全包了，你就不必介意。盐船工人如此爱护林伟民，可见林伟民平日全心全意地为广大工人群众谋利益，深深扎根于广大工人群众之中。工人们把他看作是自己的亲人一样，因此在危难之时奋不顾身，患难与共。

1927年9月1日，林伟民因医治无效，逝世于医院里，时年仅40岁。广州盐船工人不顾白色恐怖，冒着生命危险，集资收葬了他的遗体。1949年中华人民共和国成立后，盐船工人及时向政府报告了林伟民遗体埋葬的情况。后来，在广东省省长、老海员陈郁的关心下，广东省人民政府把他的遗骨移葬于广州银河革命公墓，供后人凭吊。

林伟民是中国工人阶级的优秀儿女，他永远活在中国人民心中！

1991年珠海人民隆重举行林伟民铜像揭幕仪式

1927年9月，林伟民不幸病逝。中华人民共和国成立后，于广州银河革命公墓建造了林伟民同志墓，以供后人凭吊。

1887 年 10 月，林伟民出生于广东香山。19 岁到香港谋生。

1920 年，林伟民和苏兆征等在香港海员工人中进行革命宣传，成立海员工会筹备会。

1921 年 2 月，中华海员工业联合总会在香港成立，林伟民当选为第一届干事会干事。

1922 年 1 月，林伟民和苏兆征等人领导了香港海员大罢工。

1922 年 7 月，林伟民任中华海员工业联合总会上海支部主任。

1922 年 8 月，林伟民领导和组织了上海海员工人大罢工。

1924 年春，林伟民在苏联期间加入中国共产党。

1924 年 10 月，林伟民回国后任中华海员工业联合总会广州分会主任。

1924 年 12 月，林伟民领导广州盐船运输工人进行罢工斗争。

1925 年 5 月，全国第二次劳动大会上，林伟民当选为中华全国总工会委员长。

1925 年 6 月，林伟民主持中华全国总工会省港罢工委员会临时办事处的工作，从事接待香港罢工工人、筹措罢工款项等工作。

1926 年 1 月，全国海员第一次代表大会在广州召开，林伟民因病未能出席大会，但仍被选为执行委员会委员。

1926 年 5 月，全国第三次劳动大会上，林伟民被选为中华全国总工会执行委员。

1926 年夏，林伟民病情恶化。

1927 年 9 月，林伟民病逝于广州。